全 世 界 无 产 者， 联 合 起 来！

列宁论中国

中共中央 马克思 恩格斯 列宁 斯大林 著作编译局编译

人民出版社

编 辑 说 明

马克思、恩格斯和列宁的著作是马克思主义的理论原典，是学习、研究、宣传和普及马克思主义的基础文献。为了适应马克思主义中国化、时代化、大众化不断推进的形势，满足广大读者多层次的需求，我们总结了迄今为止的编译经验，考察了国内外出版的有关读物，吸收了理论界提出的宝贵建议，精选马克思、恩格斯和列宁的重要著述，编成《马列主义经典作家文库》。

文库辑录的文献分为三个系列：一是著作单行本，收录经典作家撰写的独立成书的重要著作；二是专题选编本，收录经典作家集中论述有关问题的短篇著作和论著节选；三是要论摘编本，辑录经典作家对有关专题的论述，按逻辑结构进行编排。

文库编辑工作遵循面向实践、贴近群众的原则，力求在时代特色、学术质量、编排设计方面体现新的水准。

本系列是《马列主义经典作家文库》的专题选编本，以全文收录或部分节选的方式辑录马克思、恩格斯和列宁集中论述各种专题的论文、演讲、书信和笔记，以适应各个领域的读者学习理论和研究问题的需要。在必要的情况下，我们还从未收录的著作中摘选与本专题有关的论述，编成《重要论述摘编》，作为对本专题所收文献的补充，以便更加全面地反映经典作家对相关问题的理论思考和精辟阐述。

专题选编本系列所收的文献均采用马克思、恩格斯和列宁著作最新版本的译文，以确保经典著作译文的统一性和准确性。自1995年起，由我局编译的《马克思恩格斯全集》第二版陆续问世，迄今已出版24卷；从2004年起，我们又先后编译并出版了《马克思恩格斯文集》和《马克思恩格斯选集》第三版。专题选编本系列收录的马克思恩格斯著作采用了上述最新版本的译文，对未收入上述版本的马克思恩格斯著作的译文，我们按照最新版本的编译标准进行了审核和修订；列宁著作则采用由我局编译的《列宁全集》第二版、第二版增订版和《列宁选集》第三版修订版译文。

专题选编本系列采用统一的编辑体例。每本书正文前面均刊有《编者引言》，简要地综述经典作家围绕相关专题提出的理论观点及其重要意义，同时逐篇介绍本书所收著作的主要内容，帮助读者理解原著、把握要义；此外还概括地介绍相关著作写作和流传情况以及中文译本的编译出版情况，供读者参考。正文后面均附有注释和人名索引，以便于读者查考和检索。

专题选编本系列的技术规格沿用《马克思恩格斯全集》第二版和《列宁全集》第二版的相关规定。在马克思、恩格斯、列宁著作的目录和正文中，凡标有星花*的标题都是编者加的；引文中的尖括号〈　〉内的文字和标点符号是马克思、恩格斯、列宁加的；未注明"编者注"的脚注,是马克思、恩格斯、列宁的原注;人名索引的条目按汉语拼音字母顺序排列。在马克思恩格斯著作中,引文里加圈点处是马克思、恩格斯加着重号的地方,目录和正文中方括号[ ]内的文字是编者加的。在列宁著作中,凡注明"俄文版编者注"的脚注都是指《列宁全集》俄文第五版编者加的注,人名索引中的条头括号内用黑体字排印的是相关人物的真实姓名,未加黑体的则是笔名、别名、曾用名或绰号。此外,列宁著作标题下括号内的日期是编者加的;编者加的日期,公历和俄历并用时,俄历在前,公历在后。

中共中央 马克思 恩格斯 列宁 斯大林 著作编译局

2014年6月

目　　录

编者引言 ……………………………………………………………………… 1

对华战争（1900 年 9—10 月） ………………………………………… 3

危机的教训（节选）（1901 年 8 月） ………………………………… 8

告俄国无产阶级书（1904 年 2 月 3 日〔16 日〕） ………………… 11

旅顺口的陷落（1905 年 1 月 1 日〔14 日〕） ……………………… 14

五一节（节选）（1905 年 4 月 12 日〔25 日〕以前） ……………… 23

世界政治中的易燃物（1908 年 7 月 23 日〔8 月 5 日〕） ………… 25

俄国社会民主工党第六次（布拉格）全国代表会议文献
（节选）（1912 年 1 月） ……………………………………………… 32

关于中国革命 ……………………………………………………… 32

中国的民主主义和民粹主义（1912 年 7 月 15 日〔28 日〕） …… 33

新生的中国(1912年11月8日〔21日〕) …………………… 40
马克思学说的历史命运(节选)(1913年3月1日〔14日〕)…… 43
中华民国的巨大胜利(1913年3月22日〔4月4日〕) ………… 45
中国各党派的斗争(1913年4月28日〔5月11日〕)…………… 47
亚洲的觉醒(1913年5月7日〔20日〕) ……………………… 50
落后的欧洲和先进的亚洲(1913年5月10日〔23日〕) ……… 52
几个要点 编辑部的话(节选)(1915年9月30日〔10月13日〕) ……………………………………………… 55
帝国主义是资本主义的最高阶段(通俗的论述)(节选)(1916年1—6月) ……………………………………… 56
九 对帝国主义的批评………………………………………… 56
论尤尼乌斯的小册子(节选)(1916年7月) …………………… 61
关于1905年革命的报告(节选)(1917年1月9日〔22日〕) … 71
俄国社会民主工党(布)彼得格勒市代表会议文献(节选)(1917年4月) ……………………………………… 73
9 关于战争的决议草案(不晚于4月14日〔27日〕)…………… 73
在全俄东部各民族共产党组织第二次代表大会上的报告(节选)(1919年11月22日) …………………………… 75
为共产国际第二次代表大会准备的文件(节选)(1920年6—7月) ……………………………………………… 80
1 民族和殖民地问题提纲初稿(为共产国际第二次代表大会草拟)(6月5日) …………………………………… 80

共产国际第二次代表大会文献(节选)(1920年7—8月) …… 88
1 关于国际形势和共产国际基本任务的报告(7月19日) ……… 88
3 民族和殖民地问题委员会的报告(7月26日) ……………… 91
庆祝《真理报》创刊十周年(节选)(1922年5月2日) ……… 97
论我国革命 (评尼·苏汉诺夫的札记)(1923年1月16日和17日) …………………………………………… 101
宁肯少些,但要好些(节选)(1923年3月2日) ……………… 105
注释…………………………………………………………… 109
人名索引……………………………………………………… 135

插　图

1924年12月20日《新青年》季刊第4期封面和该刊所载的列宁《对华战争》(当时译《中国战争》)一文的中译文 ………… 4—5
1904年列宁撰写的俄国社会民主工党中央传单《告俄国无产阶级书》 …………………………………………… 12—13
1908年7月23日(8月5日)载有列宁《世界政治中的易燃物》一文(社论)的《无产者报》第33号第1版 ……………… 26—27
1924年12月20日《新青年》季刊第4期封面和该刊所载的列宁《新生的中国》(当时译《革命后的中国》)一文的中译文 …… 40—41
1924年12月20日《新青年》季刊第4期封面和该刊所载的列宁《亚洲的觉醒》(当时译《亚洲的醒悟》)和《落后的欧洲和先进的亚洲》(当时译《落后的欧洲及先进的亚洲》)的中译文 …… 50—51

1924 年 12 月 20 日《新青年》季刊第 4 期所载的列宁《民族和殖民地问题提纲初稿》和《民族和殖民地问题委员会的报告》的中译文 ………………………………………………… 80—81

编 者 引 言

列宁在领导俄国革命和建设的同时，积极推进国际共产主义运动，热情支持世界各国被压迫民族的解放斗争。他在长期的革命斗争实践中，十分关心中华民族的前途和命运，撰写了不少有关中国问题的文章。本书辑录了列宁在不同时期论述中国以及相关问题的著作，共计25篇。其中有些文章并非专门论述中国问题，但是文中有涉及中国的内容，我们对此作了节选；个别文章虽然没有直接提到中国，但文章的主题和思想与中国的历史、现实和未来发展密切关联，对中国的革命、建设和改革事业产生过极为重要的影响，我们也作了节录。

列宁论述中国问题的著作，大都写于20世纪最初二十年间；其实在此之前，列宁早就已经密切关注中国，特别是认真研究了鸦片战争以后中国形势的发展和演变，深切同情中国人民所遭受的苦难，强烈谴责帝国主义列强侵占中国领土、掠夺中国资源、残害中国民众的罪恶行径，热情支持中国人民反抗列强侵略、反对腐朽封建统治的革命运动。

1900年，八国联军对中国大举进犯，残酷镇压义和团运动，滥杀中国的无辜百姓。列宁在当年出版的《火星报》创刊号上发表了《对华战争》一文，这是列宁论述中国问题最早的一篇文章，它生动地表明，列宁对中国问题的考察和分析，从一开始就恪守马克思主义的坚定立场、鲜明观点和科学方法。在这篇文章中，列宁戳穿了俄国政府编造的无耻谎言，揭示了帝国主义国家发动战争的根本原因。他指出，俄国政府胡说什么义和团运动是由"黄种人敌视白种人"、"中国人仇视欧洲的文化和文明"引起的，这完全是谎言和欺骗。实际上，中国人憎恶的不是欧洲人民，"他们憎恶的是欧洲资本家和唯资本家之命是从的欧洲各国政府"（见本书第4页）。正是由于帝国主义列强瓜分中国领土、掠夺中国资源、残害中国人民，才引起了中国人民的激烈反抗。列宁痛斥沙皇政府的血腥暴行，谴责沙皇军队残酷杀戮"手无寸铁的中国人。水淹和枪杀他们，不惜残杀妇孺，更不用说抢劫皇宫、住宅和商店了"（见本书第3页）。他号召一切有觉悟的俄国工人起来反对沙皇政府对中国的掠夺政策，打碎战争强加在劳动人民身上的新的枷锁，结束沙皇政府的专制统治。

1904—1905年，日本和俄国为了争夺在中国东北和朝鲜的利益进行了帝国主义战争，战场主要在中国东北境内。列宁在《告俄国无产阶级书》、《旅顺口的陷落》等文章中揭露了沙皇俄国侵占中国东北地区的罪恶行径，分析了日俄战争的性质和起因，指出这场战争就是帝国主义为了在中国攫取利益而进行的掠夺性战争，"正是贪得无厌的资产阶级的利益，正是为了追逐利润而准备出卖和毁灭自己祖国的资本的利益，引起了这场给劳动人民带来无穷灾难的罪恶战争”(见本书第12页)。他以敏锐的洞察力作出了深刻判断,指出旅顺口的陷落彻底暴露了沙皇俄国专制制度的腐朽,俄国军事上的失败是“整个政治制度崩溃的标志”(见本书第17页),这场战争必将促使无产阶级革命早日到来。列宁号召俄国无产阶级团结起来,打倒掠夺成性的沙皇专制制度;号召全世界无产者团结起来,为彻底摆脱国际资本压迫而斗争。

列宁高度评价中华文明的辉煌成果,同时科学地分析了中国的社会状况,揭示了中国经济社会发展落后的原因。在《对华战争》《中国各党派的斗争》等文章中,列宁指出,中国是一个“伟大的亚洲国家”,但是,“长期以来,这个国家一成不变,停滞不前”(见本书第47页)。他分析了中国这个“落后的、农业的、半封建国家”的社会状况,剖析了封建制度的基础和广大人民遭受剥削的根源:“农业生活方式和自然经济占统治地位是封建制度的基础;以这种或那种方式把中国农民束缚在土地上,这是他们受封建剥削的根源;这种剥削的政治代表就是封建主,以皇帝为整个制度首脑的封建主整体和单个的封建主。”(见本书第36页)中国人民不仅遭受到封建制度的压迫,而且“遭受到侵入中华帝国的资本的压迫”(见本书第7页),中国因此逐渐成为半殖民地半封建社会,阶级矛盾和民族矛盾日益尖锐,人民生活越来越贫困。

列宁热切关注中国人民反抗封建专制、争取民主自由的革命斗争,充分肯定并具体阐明了这一斗争的世界意义。在《世界政治中的易燃物》《俄国社会民主工党第六次(布拉格)全国代表会议文献》《亚洲的觉醒》等文章中,列宁认为,封建制度的压迫和列强的侵略掠夺必然激起中国人民自发的反抗斗争,而“中国的旧式的造反必然会转变为自觉的民主运动”(见本书第28页)。在俄国1905年革命的影响下,“中国的政治生活沸腾起来了,社会运动和民主主义高潮正在汹涌澎湃地发展”(见本书第50页)。列宁强调指出,“中国人民的革命斗争具有世界意义,因为它将给亚洲带来解放并将破坏欧洲资产阶级的统治”(见本书第32页),而亚洲的民族民主运动和欧洲无产阶级夺取政权的斗争“标志着20世纪初所开创的全世界历史的一个新阶段”(见本书第51页)。

1911年,以孙中山为代表的革命党人发动了辛亥革命,推翻了清朝政府,结束了在中国延续几千年的君主专制制度。列宁对这一震惊世界的历史性事件极为重视,立即进行了具体的分析和深入的研究。在《中国的民主主义和民粹主义》《新生的中国》《中华民国的巨大胜利》《中国各党派的斗争》《落后的欧洲和先进的亚洲》等一系列文章中,列宁科学地评价了孙中山的历史贡献和辛亥革命的进步意义,同时指出了以孙中山为代表的资产阶级革命民主派的历史的和阶级的局限性。他一方面准确中肯地阐明了辛亥革命失败的原因,一方面充满信心地把中国革命的希望寄托在中国无产阶级身上。

列宁认为,孙中山是亚洲先进革命力量和中国民主革命运动的杰出代表,为推动中国的社会变革作出了巨大的贡献。在列宁看来,孙中山与欧美各先进文明国家的共和国总统形成鲜明对比:那些总统都是“受资产阶级操纵的生意人、是他们的代理人或傀儡”(见本书第34页),而孙中山则是“充满着崇高精神和英雄气概的革命的民主主义者”(见本书第35页);他的纲领中有许多民主主义内容,“字里行间都充满了战斗的、真诚的民主主义”,是“真正伟大的人民的真正伟大的思想”(见本书第34页)。列宁指出,孙中山带领革命民主派进行了不懈的战斗,在“唤醒人民、争取自由和建立彻底的民主制度方面"作了很多贡献(见本书第48—49页);在他的领导下,"中国人民终于推翻了中世纪的旧制度和维护这个制度的政府","在中国建立了共和制"(见本书第47页)。

与此同时,列宁深入分析了孙中山的纲领,认为他的思想和纲领具有强烈的民粹主义倾向;由于缺乏科学理论的正确指引,他对中国社会发展道路和变革措施等重要问题的论述带有明显的小资产阶级空想色彩。因此列宁说:"他同俄国民粹主义者十分相似,以至基本思想和许多说法都完全相同。"(见本书第33页)列宁进一步指出,孙中山领导的国民党的弱点是"不能充分地吸引中国广大人民群众参加革命"(见本书第48页)。这就决定了中国资产阶级不可能有彻底的革命精神,当面对强大的敌人时,其软弱性、妥协性以及"耽于幻想和优柔寡断"(见本书第48页)的缺陷就必定暴露无遗。

列宁还深刻剖析了当时革命民主派的主要对手、北洋军阀袁世凯的反动本质。列宁把袁世凯比作伪善的俄国立宪民主党人,揭露了他两面派的真实面目,指出他复辟帝制的可能性,告诫人们要提高革命警惕性:"袁世凯的行径和立宪民主党人一模一样,昨天他是一个保皇派,今天革命民主派胜利了,他成了一个共和派,明天他又打算当复辟后的君主制国家的首脑,也就是打算出卖共和制。"(见本书第47页)在袁世凯同西方列强签订了"善后大借款"的合同之后,列宁立即尖锐地指出这个事件所包含的政治后果:"借款将使中国遭受凶残的、极端反动的欧洲资产阶级的奴役。这个资产阶级只要有利可图,就准备扼杀任何民族的自由。"(见本书第48页)如果中国人民起来反对借款,反动的欧洲资产阶级就会“出动大炮,并与那个冒险家、卖国贼、反动势力的朋友袁世凯勾结起来扼杀‘落后的’亚洲的共和制!”(见本书第53页)历史雄辩地证明,列宁的论断和预见是正确的。

列宁指出,孙中山领导的辛亥革命之所以失败,除了其自身的局限性以及中外反动势力联合绞杀外,还有一个根本原因,就是“缺少无产阶级这个支柱”,中国无产阶级还很弱小,所以“没有一个能够坚决而又自觉地将民主革命的斗争进行到底的先进阶级”(见本书第48页)。不过,列宁满怀信心地表示,随着中国资本主义的发展,“中国将出现更多的上海,中国无产阶级也将日益成长起来”。它一定会建立起自己的马克思主义政党,“而这个党在批判孙中山的小资产阶级空想和反动观点时,大概会细心地挑选出他的政治纲领和土地纲领中的革命民主主义内核,并加以保护和发展”(见本书第39页)。中国革命也一定能在无产阶级及其政党的领导下取得胜利。

面对蓬勃发展的世界革命形势,列宁以高瞻远瞩的战略眼光深入分析了世界各国无产阶级革命运动与殖民地半殖民地民族解放斗争之间的密切联系,论述了包括中国在内的经济社会发展相对落后的东方国家走向社会主义的历史必然性,同时指出,在社会主义革命和建设过程中,各个国家应该根据自己的国情和特点选择适合自己的道路。

在《在全俄东部各民族共产党组织第二次代表大会上的报告》、共产国际第二次代表大会《民族和殖民地问题委员会的报告》、《论我国革命》、《宁肯少些,但要好些》等文章和报告中,列宁强调,在帝国主义时代,殖民地半殖民地的民族解放运动已经属于无产阶级革命事业的一部分。他深刻地指出:“帝国主义的特点,正如我们所看到的那样,就是现在全世界已经划分为两部分,一部分是为数众多的被压迫民族,另一部分是少数几个拥有巨量财富和强大军事实力的压迫民族。”(见本书第91页)因此,“社会主义革命不会仅仅是或主要是每一个国家的革命无产者反对本国资产阶级的斗争。不会的,这个革命将是受帝国主义压迫的一切殖民地和国家、一切附属国反对国际帝国主义的斗争。”(见本书第75页)列宁以掷地有声的语言表达了对社会主义必胜的坚定信念,他指出:“斗争的结局归根到底取决于如下这一点:俄国、印度、中国等等构成世界人口的绝大多数。正是这个人口的大多数,最近几年来非常迅速地卷入了争取自身解放的斗争,所以在这个意义上说,世界斗争的最终解决将会如何,是不可能有丝毫怀疑的。在这个意义上说,社会主义的最终胜利是完全和绝对有保证的。”(见本书第107页)

列宁还提出,经济社会发展相对落后的国家必然要经过资本主义发展阶段这种说法是不对的。如果无产阶级革命取得胜利的国家以其拥有的一切手段去帮助落后国家,那么“在先进国家无产阶级的帮助下,落后国家可以不经过资本主义发展阶段而过渡到苏维埃制度,然后经过一定的发展阶段过渡到共产主义”(见本书第95页)。

列宁一贯坚定不移地认为,马克思主义不是教条,而是行动的指南。因此,他主张各国无产阶级及其政党必须根据本国的实际情况,创造性地运用马克思主义科学理论,准确地把握各国革命的特殊性,审慎地选择正确的道路和方法,决不能机械地照抄书本上的结论,也不能盲目地照搬别国的经验。为此,列宁精辟地指出:“一切民族都将走向社会主义,这是不可避免的,但是一切民族的走法却不会完全一样，在民主的这种或那种形式上，在无产阶级专政的这种或那种形态上，在社会生活各方面的社会主义改造的速度上，每个民族都会有自己的特点。”（《列宁全集》中文第2版增订版第28卷第163页）他进一步指出：“世界历史发展的一般规律，不仅丝毫不排斥个别发展阶段在发展的形式或顺序上表现出特殊性，反而是以此为前提的。”（见本书第102页）他强调，俄国革命的道路不同于西欧各国，包括中国在内的东方国家的革命也不同于俄国，“在东方那些人口无比众多、社会情况无比复杂的国家里，今后的革命无疑会比俄国革命带有更多的特殊性”（见本书第104页）。

列宁关于中国问题的文章和论著，对于我们准确领会和全面理解列宁的理论贡献，深刻认识中国走向社会主义道路的历史必然性，毫不动摇地坚持和发展中国特色社会主义，具有十分重要的意义。

长期以来，我国理论界、学术界一直非常重视列宁关于中国问题的论述。早在新中国成立前，1940年重庆文蔚书店就出版了由卢竞如翻译的《列宁论中国》，收入各类文章29篇，共约5万字。新中国成立以后，解放社于1950年出版了张仲实、曹葆华编译的《列宁斯大林论中国》，其中收录了列宁论中国的文章15篇。此后，该书被多次重印。

我们在选编本书时，参考了以前出版的各种版本，根据新时代广大读者学习和研究马克思列宁主义的需要，对有关文章做了精心的遴选和编辑。全书按照列宁写作的时间顺序编排，书中辑录的文章和资料均采用《列宁全集》中文第2版增订版的最新编译成果。本书末尾附有注释和人名索引，便于读者阅读时参考。

列宁论中国

对 华 战 争

（1900 年 9—10 月）

俄国正在结束对华战争。动员了许多军区，耗费了亿万卢布，派遣了数以万计的士兵到中国去，打了许多仗，取得了一连串的胜利——不过，这些胜利与其说是战胜了敌人的正规军，不如说是战胜了中国的起义者，更不如说是战胜了手无寸铁的中国人。水淹和枪杀他们，不惜残杀妇孺，更不用说抢劫皇宫、住宅和商店了。而俄国政府以及奉承它的报纸，却庆祝胜利，欢呼英勇的军队的新战功，欢呼欧洲的文化击败了中国的野蛮，欢呼俄罗斯“文明使者”在远东的新成就。

在这一片欢呼声中，只是听不到千百万劳动人民的先进代表——觉悟工人的声音。但是，这次新的胜利征战的重负，都落在劳动人民的肩上，从他们中间抽人到遥远的地方去，为了弥补庞大的开支，向他们征收了重税。那么，社会党人对于这次战争应该采取什么态度呢？这次战争对谁有利呢？俄国政府的政策的真正意义是什么呢？我们现在试来分析一下这个问题。

我国政府首先想使人相信，它并不是在同中国打仗，它只是在平定暴乱，制服叛乱者，帮助合法的中国政府恢复正常的秩序。虽然没有宣战，但是问题的本质并没有因此而有丝毫改变，因为战争毕竟是在进行。试问,中国人对欧洲人的袭击,这次遭到英国人、法国人、德国人、俄国人和日本人等等疯狂镇压的暴动,究竟是由什么引起的呢?主战派说,这是由“黄种人敌视白种人”、“中国人仇视欧洲的文化和文明”引起的。是的,中国人的确憎恶欧洲人,然而他们憎恶的是哪一种欧洲人呢?为什么要憎恶呢?中国人憎恶的不是欧洲人民,因为他们之间并无冲突,他们憎恶的是欧洲资本家和唯资本家之命是从的欧洲各国政府。那些到中国来只是为了大发横财的人,那些利用自己吹捧的文明来进行欺骗、掠夺和镇压的人,那些为了取得贩卖毒害人民的鸦片的权利而同中国作战(1856年英法对华的战争)的人,那些利用传教伪善地掩盖掠夺政策的人,中国人难道能不痛恨他们吗?欧洲各国资产阶级政府早就对中国实行这种掠夺政策了,现在俄国专制政府也参加了进去。这种掠夺政策通常叫做殖民政策。凡是资本主义工业发展很快的国家,都要急于找寻殖民地,也就是找寻一些工业不发达、还多少保留着宗法式生活特点的国家,它们可以向那里销售工业品,牟取重利。为了让一小撮资本家大发横财,各国资产阶级政府进行了连年不断的战争,把士兵整团整团地开到有损健康的热带国家去送命,耗费了从人民身上搜刮来的大量钱财,迫使当地居民奋起反抗,或者使他们濒于饿死的境地。我们不妨回忆一下印度土著的抗英起义[1]和印度的饥荒,以及现在英国人对布尔人的战争[2]。

欧洲资本家贪婪的魔掌现在伸向中国了。俄国政府恐怕是最先伸出魔掌的,但是它现在却扬言自己“毫无私心”。它“毫无私心地”占领了中国旅顺口,并且在俄国军队保护下开始在满洲修筑铁路。欧洲各国政府一个接一个拼命掠夺(所谓“租借”)中国领土,无怪乎出现了瓜分中国的议论。如果按照真实情况,就应当

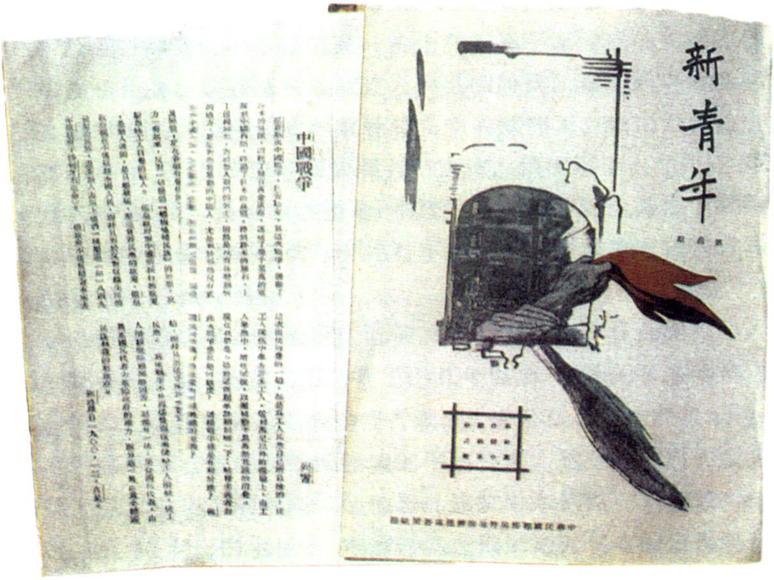

1924年12月20日《新青年》季刊第4期封面和该刊所载的列宁《对华战争》(当时译《中国战争》)一文的中译文

说：欧洲各国政府（最先恐怕是俄国政府）已经开始瓜分中国了。不过它们在开始时不是公开瓜分，而是像贼那样偷偷摸摸进行的。它们盗窃中国，就像盗窃死人的财物一样，一旦这个假死人试图反抗，它们就像野兽一样猛扑到他身上。它们把一座座村庄烧光，把老百姓赶进黑龙江中活活淹死，枪杀和刺死手无寸铁的居民和他们的妻子儿女。这些基督教徒建立功勋的时候，却大叫大嚷反对野蛮的中国人，说他们竟胆敢触犯文明的欧洲人。俄国专制政府在 1900 年 8 月 12 日致各国的照会中宣称：俄国军队占领牛庄并且开入满洲境内，是临时性措施；采取这些措施，"完全是由于必须击退中国叛民的侵略行动"；"绝对不能说明帝国政府有任何背离自己政策的自私计划"。

帝国政府多么可怜啊！它简直像基督教徒那样毫无私心，人们竟冤枉了它，简直太不公平了！几年以前，它毫无私心地侵占了旅顺口，现在又毫无私心地侵占满洲，毫无私心地把大批承包人、工程师和军官派到与俄国接壤的中国地区，这些人的所作所为引起了以温顺出名的中国人的愤怒。修筑中东铁路，每天只付给中国工人 10 戈比的生活费，难道这就是俄国毫无私心的表现吗？

但是，我国政府为什么要对中国实行这种疯狂的政策呢？这种政策对谁有利呢？它对一小撮同中国做生意的资本家大亨有利，对一小撮为亚洲市场生产商品的厂主有利，对一小撮现在靠紧急军事订货大发横财的承包人有利（有些生产武器、军需品等等的工厂正在拼命地干，并且增雇成百上千的日工）。这种政策对一小撮身居军政要职的贵族有利。他们所以需要冒险政策，是因为借此可以飞黄腾达，建立"战功"而扬名于世。我国政府为了这一小撮资本家和狡猾的官吏的利益，竟然毫不犹豫地牺牲全国人民的利益。沙皇专制政府这一次也和往常一样，表明自己是甘愿对资本家大亨和贵族卑躬屈膝的昏官政府。

侵略中国对俄国工人阶级和全体劳动人民有什么好处呢？成千上万个家庭因劳动力被拉去打仗而破产，国债和国家开支激增，捐税加重，剥削工人的资本家的权力扩大，工人的生活状况恶化，农民的死亡有增无减，西伯利亚大闹饥荒——这就是对华战争能够带来而且已经带来的好处。俄国的一切出版物、一切报刊，都处于奴隶的地位，不得到政府官员的许可，它们就不敢登载任何东西，因此，在对华战争中人民付出了多少代价，我们没有确切的材料，但是，这次战争的费用高达**几亿卢布**，这是没有疑问的。有消息说，政府按照一项没有公布的指令，一次就拨出军费 15 000 万卢布，而目前的战费开支每三四天就要耗掉 **100 万卢布**。政府肆意挥霍钱财，但是给饥饿农民的救济金却一扣再扣，斤斤计较每一个戈比，不愿意把钱用在国民教育上，它和一切富农一样，从官办工厂的工人和邮政机关小职员等等的身上榨取血汗！

财政大臣维特曾宣称，1900 年 1 月 1 日以前，国库尚存闲置现款 25 000 万卢布，但是现在这笔钱已经没有了，都投入了战争，政府正在发行公债，增加捐税，因财政拮据而缩减必要的开支，停止修筑铁路。沙皇政府面临破产的危险，但它仍然拼命实行侵略政策，这不但需要大量资金，而且有卷入更可怕的战争的危险。进攻中国的欧洲列强，已经在分赃问题上争吵起来了，谁也不能断定这次争吵会怎样收场。

沙皇政府对中国实行的政策不仅侵犯人民的利益，而且还竭力毒害人民群众的政治意识。凡是只靠刺刀才能维持的政府，凡是不得不经常压制或遏止人民愤怒的政府，都早就懂得一个真理：

人民的不满是无法消除的，必须设法把这种对政府的不满转移到别人身上去。例如煽起对犹太人的仇恨，卑鄙的报纸中伤犹太人，说犹太工人似乎不像俄国工人那样受资本和警察政府的压迫。目前报刊上又大肆攻击中国人，叫嚣黄种人野蛮，仇视文明，俄国负有开导的使命，说什么俄国士兵去打仗是如何兴高采烈，如此等等。向政府和大财主摇尾乞怜的记者们，拼命在人民中间煽风点火，挑起对中国的仇恨。但是中国人民从来也没有压迫过俄国人民，因为中国人民也同样遭到俄国人民所遭到的苦难，他们遭受到向饥饿农民横征暴敛和用武力压制一切自由愿望的亚洲式政府的压迫，遭受到侵入中华帝国的资本的压迫。

俄国工人阶级已经开始从人民群众所处的那种政治上的愚昧无知中挣脱出来。因此，一切觉悟的工人就有责任全力起来反对那些煽起民族仇恨和使劳动人民的注意力离开其真正敌人的人们。沙皇政府在中国的政策是一种犯罪的政策，它使人民更加贫困，使人民受到更深的毒害和更大的压迫。沙皇政府不仅把我国人民变成奴隶，而且还派他们去镇压那些不愿做奴隶的别国人民（如 1849 年，俄国军队曾镇压匈牙利革命）。它不仅帮助俄国资本家剥削本国工人，把工人的双手捆起来，使他们不能团结自卫，而且还为了一小撮富人和显贵的利益出兵掠夺别国人民。要想打碎战争强加在劳动人民身上的新的枷锁，唯一的办法就是召开人民代表大会，以结束政府的专制统治，迫使政府不要光照顾宫廷奸党的利益。

载于 1900 年 12 月《火星报》创刊号

选自《列宁全集》中文第 2 版增订版第 4 卷第 319—323 页

危机的教训(节选)

(1901 年 8 月)

资本主义的生产,只能跳跃式地发展,即进两步退一步(有时两步都退回来)。我们已经指出,资本主义的生产,是为销售而生产,是为市场生产商品。而管理生产的是单个的资本家,他们各干各的,谁也不能准确知道市场上究竟需要多少产品和需要哪些产品。他们盲目地进行生产,所关心的只是要超过对手。这样,产品的数量就可能不符合市场上的需要,这是很自然的。而当广大市场突然扩展到新的、未曾开拓过的、广阔的领域时,这种可能性就尤其大了。不久前我们所经历的工业“繁荣”开始时的情况就是这样。整个欧洲的资本家把魔掌伸向拥有亿万居民的世界的另一洲——亚洲,那里在此以前,只有印度和不大一部分边缘地区同世界市场有密切联系。外里海铁路已开始为资本“开辟”中亚细亚,“西伯利亚大铁路”(所谓大,不仅指它的长度,而且指建筑人无限掠夺国家钱财,无限剥削筑路工人)开辟了西伯利亚。日本已开始变成工业国,并曾试图在中国的万里长城上打开缺口,而当它发现这块肥肉的时候,这块肥肉已经一下子被英、德、法、俄以及意大利的资本家叼走了。大铁路的修筑、世界市场的扩大、商业的昌盛——这一切引起了工业的突然活跃,新企业的增加,对销售市场的疯狂追逐，对利润的追逐，以及新公司的创建和大批新资本（其中一部分是小资本家为数不多的储金）的投入生产。对情况不明的新市场的这种世界性的疯狂追逐，引起了巨大的破产，这是没有什么可奇怪的。

要想认清这种追逐，就应当注意一下有哪些巨头参加了追逐。当人们说到“单个的企业”、“单独的资本家”时，常常忘记，这种说法其实是不确切的。实质上，只有利润的占有才是单个的和单独的，而生产本身已成为社会的了。巨大的破产之所以会发生而且不可避免，是因为强大的**社会**生产力受一伙唯利是图的富豪所支配。关于这一点，让我们用俄国工业的例子来加以说明。近来危机已经扩展到石油工业方面。而在石油工业中占支配地位的是“诺贝尔兄弟石油生产公司”这样一些企业。1899 年该公司售出石油产品 16 300 万普特，价值 5 350 万卢布，而 1900 年已售出 19 200 万普特，价值 7 200 万卢布。一年之内，一个企业的生产竟增加了 1 850 万卢布！这样“一个企业”的存在是靠几万以至几十万工人的联合劳动来维持的，这些工人有的开采石油，提炼石油，通过输油管、铁路、海洋和河流运输石油，有的建造这些方面所必需的机器、仓库、材料、驳船、轮船等等。这几万工人都是为整个社会工作的，而支配他们劳动的是一小撮百万富翁，这一小撮富翁把群众的这种有组织的劳动所创造的全部利润据为己有。（诺贝尔公司 1899 年所获纯利润为 400 万卢布，1900 年为 600 万卢布，其中股东每 5 000 卢布股金可得 1 300 卢布，而 5 个董事得到的**奖金**共 528 000 卢布！）如果有几个这样的企业为了在情况不明的市场上夺取地盘而展开疯狂的追逐，那么，危机的到来还有什么奇怪呢？

况且，要想从企业中获得利润，就必须把商品卖出去，就必须找到主顾。而主顾应该是所有的居民，因为大企业生产出堆积如山的产品。可是在所有的资本主义国家中，居民有十分之九是穷人：工资微薄的工人和大多比工人过得还要坏的农民。就这样，大工业在繁荣时期拼命大量生产，把大量产品抛向市场，而占人口多数的穷人则无力购买。机器、工具、仓库、铁路等等的数量日益增长，但是这种增长却不时中断，因为人民群众仍然处于赤贫境地，而所有这些改善了的生产方式归根到底是为人民群众准备的。危机表明，如果土地、工厂、机器等等不是被一小撮靠人民贫困而获得亿万利润的私有者所窃据，那么，现代社会就能够生产出更丰富得多的产品来改善全体劳动人民的生活。危机表明，工人的斗争不能局限于争取资本家的个别让步：在工业复苏时期，这种让步是能够争得的（俄国工人在 1894—1898 年期间进行了坚决的斗争，不止一次争得了让步），但破产到来时，资本家不仅要收回曾经作过的让步，而且要利用工人的孤立无援更大幅度地降低工资。在社会主义无产阶级大军还没有把资本和私有制的统治推翻之前，这种情形将不可避免地会继续发生。危机表明，两年前吵吵嚷嚷说破产的可能性现在变得更小了的那些社会主义者（这些人自称为“批评家”，大概是因为他们不加批判地抄袭资产阶级经济学家的学说）的目光是多么短浅。

载于 1901 年 8 月《火星报》第 7 号

选自《列宁全集》中文第 2 版增订版第 5 卷第 73—75 页

告俄国无产阶级书[3]

（1904年2月3日〔16日〕）

战争开始了。日本人已经使俄国军队遭受了一连串的失败，目前沙皇政府正在竭尽全力要为这些失败复仇。军区一个接一个地被动员起来；成千成万的士兵匆忙开赴远东；政府正在国外竭力活动，以签订新的借款协定；它向承包人许诺，如能加速军事部门所必需的工程，每天可以得到数千卢布的奖金。人民的全部力量处于极度紧张的状态，因为已经开始了一场非同小可的斗争，一场同5 000万人的民族进行的斗争，他们装备精良，对战争准备充分；他们是在争取在他们看来对民族的自由发展绝对必需的条件。这将是一个专制而又落后的政府同政治上自由和文化上迅速进步的民族进行的一场斗争。1877—1878年同虚弱的土耳其的战争就曾经使俄国人民付出了高昂的代价，但它与现在开始的这场战争相比却是微不足道的。

究竟因为什么俄国的工人和农民现在要同日本人进行殊死的斗争呢？是因为满洲和朝鲜，是因为俄国政府侵占的这片新的土地，是因为“黄俄罗斯”。俄国政府曾向其他大国保证不侵犯中国，答应不迟于1903年10月8日将满洲归还中国，但它并没有履行这一诺言[4]。沙皇政府在推行其军事冒险和掠夺邻国的政策方面已经走得太远，以致它已经无法后退。在“黄俄罗斯”建筑了要塞和港口，铺设了铁路，集结了数以万计的军队。

攫取这些新的土地付出了那么多的鲜血和生命，并且还要继续付出更高得多的代价，但是，这些土地究竟给俄国人民带来什么好处呢？对俄国工人和农民来说，战争预示着新的灾难、无数人的死亡、大批家庭的破产和新的苛捐重税。在俄国军事长官和沙皇政府看来，战争可以带来军事荣誉。在俄国商人和拥有百万财富的企业主看来，战争之所以必要，是为了保住新的商品销售市场，保住新的自由的不冻港以发展俄国贸易。向本国挨饿的农民和失业的工人是卖不出多少商品的，要到别国去寻找销路！俄国资产阶级的财富是靠俄国工人的贫困和破产创造出来的；而现在，为了更多地增加这些财富，工人们又得去流血卖命，以便俄国资产阶级能够随心所欲地去征服和奴役中国和朝鲜的工人。

正是贪得无厌的资产阶级的利益，正是为了追逐利润而准备出卖和毁灭自己祖国的资本的利益，引起了这场给劳动人民带来无穷灾难的罪恶战争。正是践踏一切人权和奴役本国人民的专制政府的政策，导致了用俄国公民的鲜血和财产进行的这场赌博。为了回击疯狂的战争鼓噪，为了回击钱袋的仆从们和警鞭的奴才们的“爱国”表演，有觉悟的社会民主主义的无产阶级必须极其坚决地提出要求：“打倒专制制度！”、“召开人民立宪会议！”

沙皇政府在其军事冒险的赌博中如此贪婪，以致把赌注下得太多太多了。同日本的战争即使打赢了，也会带来民穷财尽的后果，而取得的胜利成果将微乎其微，因为其他大国是不会容许俄国独享胜利果实的，就像他们在 1895 年不让日本独享胜利果实一样。[5]而这场战争如果打败了，首先就会使建立在人民愚昧和无权

Россійская Соціальдемократическая Рабочая Партія.

Пролетаріи всѣхъ странъ, соединяйтесь!

Къ русскому пролетаріату..

Война началась. Японцы успѣли уже нанести русскимъ войскамъ рядъ пораженій, и теперь царское правительство напрягаетъ всѣ силы, чтобы отмстить за эти пораженія. Мобилизуются одинъ за другимъ военные округа, десятки тысячъ солдатъ спѣшно отправляются на Дальній Востокъ, заграницей дѣлаются отчаянныя усилія заключить новый заемъ, подрядчикамъ обѣщаютъ премію по нѣсколько тысячъ рублей въ день за ускореніе работъ, необходимыхъ для военнаго вѣдомства. Всѣ силы народа подвергаются величайшему напряженію ибо борьба начата нешуточная, борьба съ 50-ти милліоннымъ народомъ, который превосходно вооруженъ, превосходно подготовленъ къ войнѣ, который борется за настоятельно необходимыя, въ его глазахъ, условія свободнаго національнаго развитія. Это будетъ борьба деспотическаго и отсталаго правительства съ политически свободнымъ и культурно быстро прогрессирующимъ народомъ. Война съ хилой Турціей въ 1877-78 годахъ, обошедшаяся такъ дорого русскому народу, была ничтожна по сравненію съ начатой теперь войной.

Изъ-за чего же бьется теперь не на жизнь, а на смерть, русскій рабочій и крестьянинъ съ японцами? Изъ-за Манджуріи и Кореи, изъ-за этой новой земли, захваченной русскимъ правительствомъ, изъ-за „Желтороссіи". Русское правительство обѣщало всѣмъ другимъ державамъ сохранять неприкосновенность Китая, обѣщало отдать Манджурію Китаю не позже 8 октября 1903 г. и не исполнило этого обѣщанія. Царское правительство настолько уже зарвалось въ своей политикѣ военныхъ приключеній и грабежа сосѣднихъ странъ, что идти назадъ оно уже оказалось не въ силахъ. Въ „Желтороссіи" настроены крѣпости и гавани, проведена желѣзная дорога, собраны десятки тысячъ войска.

Но какая же польза русскому народу отъ этихъ новыхъ земель, пріобрѣтеніе которыхъ стоило столько крови и жертвъ и будетъ стоить еще гораздо больше? Русскому рабочему и крестьянину война сулитъ новыя бѣдствія, потерю бездны человѣческихъ жизней, разореніе массы семей, новыя тягости и налоги. Русскому военному начальству и царскому правительству война кажется обѣщающей военную славу. Русскому купцу и промышленнику-милліонеру война кажется необходимой, чтобы отстоять новые рынки для сбыта товаровъ, новыя гавани въ свободномъ незамерзающемъ морѣ для развитія русской торговли. Голодающему мужику и безработному рабочему у себя дома не продать много товаровъ, надо искать сбыта въ чужихъ земляхъ! Богатства русской буржуазіи созданы обнищаніемъ и разореніемъ русскихъ рабочихъ, — и вотъ, чтобы увеличить еще болѣе эти богатства, рабочіе должны теперь своею кровью добиваться того, чтобы русская буржуазія могла беспрепятственно покорять и кабалить работника китайскаго и корейскаго.

Интересы алчной буржуазіи, интересы капитала, готоваго продать и разорить свою родину въ погонѣ за прибылью, — вотъ что вызвало эту преступную войну, несущую неисчислимыя бѣдствія рабочему народу. Политика деспотическаго правительства, которая попираетъ всѣ человѣческія права и держитъ въ рабствѣ свой народъ, — вотъ что привело къ этой азартной игрѣ кровью и достояніемъ русскихъ гражданъ. И въ отвѣтъ на бѣшеные военные клики, въ отвѣтъ на „патріотическія" манифестаціи холоповъ денежнаго мѣшка и лакеевъ полицейской нагайки сознательный соціальдемократическій пролетаріатъ долженъ выступить съ удесятеренной энергіей съ требованіемъ: „Долой самодержавіе!" „Пусть будетъ созвано народное учредительное собраніе!"

Царское правительство зарвалось до такой степени въ своей азартной игрѣ военныхъ приключеній, что поставило на карту слишкомъ, слишкомъ многое. Даже въ случаѣ удачи, война съ Японіей грозитъ полнымъ истощеніемъ народныхъ силъ — при совершенной ничтожности результатовъ побѣды, ибо другія державы также не позволятъ Россіи воспользоваться плодами побѣды, какъ не позволили онѣ этого Японіи въ 1895 году. А въ случаѣ пораженія, война приведетъ прежде всего къ паденію всей правительственной системы, основанной на темнотѣ и безправіи народа, на угнетеніи и насиліи.

Кто сѣетъ вѣтеръ, тотъ пожнетъ бурю!

Да здравствуетъ братское единеніе пролетаріевъ всѣхъ странъ, борющихся за полное освобожденіе отъ ярма международнаго капитала! Да здравствуетъ японская соціальдемократія, протестовавшая противъ войны! Долой разбойническое и позорное царское самодержавіе!

Центральный Комитетъ
Россійской Соціальдемократической Рабочей Партіи.

Просятъ распространять.

1904 年列宁撰写的俄国社会民主工党中央传单《告俄国无产阶级书》

的基础之上、建立在压迫和暴力的基础之上的全部统治体系土崩瓦解。

玩火者必自焚！

为彻底摆脱国际资本压迫而斗争的全世界无产者的兄弟团结万岁！反战的日本社会民主运动万岁！打倒掠夺成性的和卑鄙无耻的沙皇专制制度！

俄国社会民主工党中央委员会

1904 年 2 月印成传单

选自《列宁全集》中文第 2 版增订版第 8 卷第 169—173 页

旅顺口的陷落[6]

（1905年1月1日〔14日〕）

“旅顺口投降了。

这是现代史上最重大的事件之一。昨天，通过电报传遍文明世界每个角落的这几个字，使人感到沮丧，使人感到一场巨大而可怕的灾难和不幸，这种感觉是难于用言语来表达的。强大帝国的精神力量在破灭，年轻的种族还没有来得及充分显示自己，它的声望就在日益低落。整个政治制度已被判决，一连串的奢望已被打断，巨大的努力已被摧毁。当然，旅顺口的陷落早在意料之中，人们早就在为自己开脱并说些老套话来安慰自己了。但是，明显而严峻的事实粉碎了全部编造的谎言。现在，要冲淡已经发生的崩溃的意义是不可能的。难以补救的失败使旧世界第一次遭到屈辱，打败它的是一个十分神秘的、看来还很年轻的、昨天才来追求文明的新世界。”

欧洲一家有名望的资产阶级报纸[7]这样描述了对事件的直接印象。应当承认，这家报纸不仅清晰地表达了整个欧洲资产阶级的情绪，它的话也反映了旧世界资产阶级的真实的阶级本能；旧世界资产阶级对新的资产阶级世界的成就感到惶恐不安，对长久以来被认为是欧洲反动势力的最可靠堡垒的俄国军事力量的崩溃感到惊慌失措。难怪就连没有参战的欧洲资产阶级也感到受了屈辱和沮丧。它如此习惯于把俄国的精神力量和欧洲宪兵的军事力量等同看待。在它看来，年轻的俄罗斯种族的声望与无比强大的、坚定不移地保护着现代“秩序”的沙皇政权的声望是紧密相连的。难怪整个欧洲资产阶级都认为居于支配地位和发号施令的俄国的灾难是“可怕的”，因为这一场灾难意味着世界资本主义的发展大大加速，历史的发展大大加快，而资产阶级十分清楚地知道，它根据痛苦的经验知道，这种加速就是无产阶级的社会革命的加速。西欧资产阶级在长期停滞的环境中，在“强大的帝国”的庇护下曾感到十分安逸，可是现在突然有一种“神秘的、还很年轻的”力量竟来打破这种停滞和摧毁这些支柱。

的确，欧洲资产阶级应当感到害怕。无产阶级应当感到高兴。我们最凶恶的敌人的灾难不仅意味着俄国的自由即将来临，它还预示欧洲无产阶级的新的革命高潮的到来。

但是，旅顺口的陷落为什么和在什么程度上是一场真正历史性的灾难呢？

人们首先看到的是这一事件在战争进程中的作用。对日本人来说，战争的主要目的已经达到。进步的先进的亚洲给予落后的反动的欧洲以不可挽救的打击。10 年以前，以俄国为首的这个反动的欧洲，曾因中国败于年轻的日本而感到不安，并为了从日本手中抢走最好的胜利果实而联合起来。欧洲一直保护着旧世界已经确立的关系和特权，维护着它的优惠的权利，即几世纪以来一直被视为天经地义的剥削亚洲各国人民的权利。日本夺回旅顺口是对整个反动欧洲的一个打击。俄国占据旅顺口 6 年，花了多少亿卢布修筑战略铁路，修建港口，建设新的城市，加固要塞；被俄国收买和在俄国面前卑躬屈膝的一切欧洲报纸都曾吹嘘这个要塞是攻不破的。军事评论家们说，就实力而论，旅顺口等于 6 个塞瓦斯托波尔。可是，一个小小的、一直被人瞧不起的日本，却在 8 个月之内占领了这个要塞，而在此以前英国和法国为了攻克一个塞瓦斯托波尔，却花了整整一年的时间。军事上的打击是不可挽救的。关于制海权问题——现代战争的一个主要的和根本的问题，已经解决了。起初并不比日本舰队弱的（如果不是较强的话）俄国太平洋舰队，全军覆没了。舰队作战的基地也被人夺走，于是罗日杰斯特文斯基的分舰队在白白地花费了好几百万以后，在威武的装甲舰大败英国渔船以后，只好又可耻地开了回来。据估计，俄国仅在舰队方面的物质损失，即达 3 亿卢布。但是，更为重要的是它损失了上万名优秀的海军人员，损失了整整一个陆军集团军。许多欧洲报纸现在正在竭力冲淡这些损失的意义，它们在这方面的热心努力达到了滑稽可笑的地步，它们甚至说库罗帕特金现在“轻松了”，“用不着”再为旅顺口操心了！俄国军队也用不着再去管整整一个集团军了。据最近英国的统计材料，被俘者达 **48 000 人**，在金州和在要塞本身的会战中被打死的还有成千上万的人。日本人完全占领了整个辽东，获得了能影响朝鲜、中国和满洲的无比重要的据点，腾出了拥有 8 万—10 万人的配备有庞大的重炮队的经过锻炼的军队来对付库罗帕特金。这支重炮队开抵沙河，将使日军对俄军的主力居于压倒的优势。

据国外报纸报道，专制政府决定无论如何也要继续作战，并给库罗帕特金派去 20 万人的军队。很可能战争还要拖延很久，但战争胜利无望已经是很明显的了，而一切拖延只会加重俄国人民由于容忍专制制度的宰割而带来的无数灾难。在此以前，日本人在每一次大的会战以后总是比俄国人更迅速而且更扎实地增强自己的军事力量。而现在，他们在争得了全部制海权和全歼了俄国的一个集团军以后，就能够比俄国人多派出一倍的援军。在此以前，日本人一直在连续不断地打击俄国的将军们，尽管他们的大部分精锐炮兵当时已用于围攻要塞。日本人现在已经可以把自己的兵力充分集中起来，而俄国人却不仅要为萨哈林岛担心，而且要为符拉迪沃斯托克担心。日本人占领了满洲最好的和人口最稠密的地区，他们在那里可以靠被征服地区的资财和靠中国的帮助来供养军队。而俄国人却愈来愈只能靠从俄国运去的物资接济，由于无法运送足够数量的物资，库罗帕特金很快就不能进一步扩充军队了。

但是，专制制度所遭到的军事破产具有更为重大的意义，它是我国整个政治制度崩溃的标志。靠雇佣兵或半脱离人民的帮会分子作战的时代，已经一去不复返了。战争现在是由人民来进行的，——据涅米罗维奇-丹琴科证明，甚至库罗帕特金也开始懂得，这个道理不是光写在纸上的。战争现在是由人民来进行的，因此，战争的伟大属性现在表明得特别明显，这就是在事实上，在千百万人的面前揭露出一句只有少数觉悟的人才明白的人民和政府间的不一致。一切先进的俄国人，俄国社会民主党，俄国无产阶级对专制制度的批判，现在已被日本武器的批判所证实，这就使那些不知道什么叫专制制度的人，以至知道这一点但却一心一意维护专制制度的人，都愈来愈感到在专制制度下无法生活下去了。一旦人民不得不在实际上以自己的鲜血为专制制度付出代价，专制制度同整个社会发展的利益、同全体人民（一小撮官吏和巨头除外）的利益水火不相容的情况就表现出来了。愚蠢、罪恶的殖民冒险政策使专制制度陷入了绝境，只有人民自己才能够解脱这种绝境，而且只有以摧毁沙皇制度为代价。

旅顺口的陷落是对沙皇制度的罪行所作的一次最重大的历史总结。这些罪行从战争刚一爆发就已开始暴露出来，现在它们将更加广泛地更加不可遏制地暴露出来。我们死后哪怕洪水滔天！[8]——所有大大小小的阿列克谢耶夫都这样说，他们没有想到，而且也不相信洪水真的就要来到了。将军们和统帅们原来都是些庸碌无能之辈。根据英国一位军事评论家的权威性论断（载于《泰晤士报》[9]），1904 年战争的全部进程，是“对海军和陆军战略基本原则的犯罪性的忽视”。军政界的官僚像农奴制时代一样寄生成性、贪污受贿。军官们都是些不学无术、很不开展、缺乏训练的人，他们和士兵没有密切的联系，而且也不为士兵所信任。农民群众的愚昧无知，目不识丁和孤陋寡闻，在现代战争中同进步的民族发生冲突时，都赤裸裸地暴露出来了，因为现代战争也同现代技术一样，要求有质量高的人才。没有具有主动精神的、自觉的陆海军士兵，要在现代战争中取胜是不可能的。在使用射速快口径小的步枪和速射炮的时代，在舰船上装有复杂的技术设备、陆战中采用散开队形的时代，任何耐力、任何体力以及任何多数人密集在一起的战斗阵势，都不能造成优势。专制俄国的军事威力原来只是虚有其表。沙皇制度成了按照现代最新要求组织军事的障碍。而军事却是沙皇制度一向全神贯注的、最引为骄傲而且不顾人民的任何反对而为之作出无可计量的牺牲的事业。粉饰的坟墓①——这就是专制制度在对外防卫这个可以说是它最内行的专业方面的

① 见圣经《新约全书·马太福音》第 23 章。——编者注

写照。事变证实某些外国人的看法是对的,这些人看到亿万卢布被用来购买和建造精良的军舰曾感到好笑,并且说,在不会使用现代军舰的情况下,在缺少能够熟练地利用军事技术的最新成就的人才的情况下,这些花费是没有用处的。不论是舰队也罢,要塞也罢,野战工事也罢,陆军也罢,竟都成为落后的和毫无用处的东西了。

一个国家的军事组织和它的整个经济文化制度之间的联系,从来还没有像现在这样密切。因此,军事上的破产不可能不成为深刻的政治危机的开端。先进国家同落后国家的战争这一次也起了伟大的革命作用,就像历史上屡次发生过的情形一样。觉悟的无产阶级是战争这个一切阶级统治的不可避免和无法排除的伴侣的无情敌人,它不能闭眼不看击溃了专制制度的日本资产阶级所完成的这一革命任务。无产阶级敌视一切资产阶级和一切资产阶级制度的表现,但是这种敌视并没有解除它应对历史上进步的和反动的资产阶级代表人物加以区别的责任。因此,革命的国际社会民主党的最彻底和最坚决的代表,如法国的茹尔·盖得和英国的海德门,都直率地表示他们同情击溃俄国专制制度的日本,这是完全可以理解的。在我们俄国,不用说,有些社会主义者在这个问题上也表现了思想混乱。《革命俄国报》[10]谴责盖得和海德门说,一个社会主义者只能拥护工人的、人民的日本,而不能拥护资产阶级的日本。这种谴责十分荒谬,正像一个社会主义者因为承认主张自由贸易的资产阶级比主张保护关税的资产阶级进步而受到的谴责一样。盖得和海德门并没有袒护日本资产阶级和日本帝国主义,但在两个资产阶级国家发生冲突的问题上,他们正确地指出了其中一个国家在历史上所起的进步作用。“社会革命党人”的思想混乱，当然是我们的激进知识分子不懂得阶级观点和历史唯物主义的必然结果。新《火星报》[11]也不能不表现出混乱。起初它大谈不管什么样的和平。后来，当饶勒斯清楚地表明，拥护一切和平的冒牌的社会主义运动是为谁的利益服务的，是为进步的资产阶级的利益还是为反动的资产阶级利益服务的时候，新《火星报》才急忙“进行纠正”。现在它又发表庸俗的议论，说什么借日本资产阶级的胜利“进行投机”（！！?）是如何不恰当，说什么“不论”专制制度是胜是败，战争总是灾难。

不是这样。俄国的自由事业和俄国（以及全世界的）无产阶级争取社会主义的斗争事业，在很大程度上取决于专制制度的军事失败。这一事业从这次使欧洲所有的旧制度维护者感到恐惧的军事破产中得到很多好处。革命的无产阶级应当不断地进行反对战争的宣传，同时要永远牢记，只要阶级统治还存在，战争就不会消除。饶勒斯之流的庸俗的和平辞藻，对被压迫阶级毫无用处，被压迫阶级对两个资产阶级国家间的资产阶级战争不负任何责任，它正在竭尽全力来推翻一切资产阶级，因为它知道，就是在“和平的”资产阶级剥削时期，人民的灾难也是无穷的。但是，在反对自由竞争的同时，我们不能忘记，和半农奴制度相比，自由竞争是有进步性的。在反对一切战争和一切资产阶级的时候，我们在宣传当中应当把进步的资产阶级与农奴制的专制制度严格区分开来，我们应当经常指出俄国工人被迫参加的这个历史性的战争的伟大的革命作用。

不是俄国人民，而是俄国专制制度挑起了这场殖民战争，这场战争已变成新旧资产阶级世界之间的战争。不是俄国人民，而是专制制度遭到了可耻的失败。俄国人民从专制制度的失败当中得到了好处。旅顺口的投降是沙皇制度投降的前奏。战争还远未结束,但是它每延续一步都将大大加剧俄国人民的不满和愤慨,都将促使新的伟大的战争,人民反对专制制度的战争,无产阶级争取自由的战争的时刻早日到来。难怪最沉着、最冷静的欧洲资产阶级这样惊慌失措,它满心赞同俄国专制制度作出自由主义的让步,但害怕俄国革命比害怕火还要厉害,因为俄国革命将是欧洲革命的序幕。

一家冷静的德国资产阶级的机关报[12]写道:“有一种根深蒂固的见解,即认为在俄国爆发革命是完全不可能的事情。人们用各种各样的论据为这种见解辩护。例如说俄国农民不爱动,俄国农民笃信沙皇,依赖僧侣。又说,极端不满分子只是极少数人,他们可能举行叛乱(小规模的爆发)和进行恐怖性的谋杀,但决不能掀起总起义。他们对我们说,广大的不满的群众缺乏组织和武器,而最主要的是缺乏冒生命危险的决心。俄国的知识分子一般大约只是在30岁以前具有革命情绪,以后他们搞到一官半职,就舒适安逸地生活起来,于是很大一部分激烈分子就变为平庸的官吏。”但现在,这家报纸继续写道,许多迹象证明要发生巨大的变革。现在谈论俄国革命的已经不光是革命者,而且还有那些全无“狂热”的、现存制度的坚实柱石,如特鲁别茨科伊公爵,他写给内务大臣的信现在正被所有的国外报刊转载[13]。“害怕俄国革命看来是有实际根据的。不错,谁也不认为俄国农民会拿起木叉去为宪法而斗争。但难道革命是在农村里发生的吗?在现代历史上,革命运动的体现者早已是大城市了。在俄国,风潮正是在城市里掀起的,它正在从南到北、从东到西地涌动。谁也不敢预言结果将会怎样,但是认为俄国革命不可能发生的人在日益减少,这却是一个无可怀疑的事实。而一旦发生严重的革命爆发,被远东战争削弱了的专制制度是否能对付得了,那就是非常值得怀疑的事情了。”

是的,专制制度是被削弱了。最不相信革命的人也开始相信革命了。普遍相信革命就已经是革命的开始。政府本身正在以自己的军事冒险促进革命的继续发展。俄国的无产阶级将致力于支持和扩大重要的革命冲击。

载于 1905 年 1 月 1 日(14 日)
《前进报》第 2 号

选自《列宁全集》中文第 2 版增订版
第 9 卷第 134—142 页

俄国社会民主工党　　　　　　　　**全世界无产者，联合起来！**

五一节[14]（节选）

（1905年4月12日〔25日〕以前）

工人同志们！全世界工人的伟大节日来到了。在五一这一天，全世界的工人要庆祝自己渴求光明和知识的觉醒，庆祝自己为反对一切压迫、一切专横、一切剥削，为建立社会主义的社会制度而结成一个兄弟联盟。凡是从事劳动的人，凡是用自己的劳动养活富翁和显贵的人，凡是为了得到微薄的工资而在过度繁重的劳动中过活的人，凡是从来没有享受到自己的劳动果实的人，凡是在我们的文明带来的奢侈和豪华中过着牛马生活的人，都在伸出手来为工人的解放和幸福而斗争。丢掉不同民族或不同宗教信仰的工人之间的相互仇视吧！这种仇视只会对那些靠无产阶级的无知和分散过活的掠夺者和暴君有利。犹太人和基督教徒、亚美尼亚人和鞑靼人、波兰人和俄国人、芬兰人和瑞典人、拉脱维亚人和德国人——都正在争取社会主义这面共同旗帜下并肩前进。全体工人是兄弟，他们的坚固联盟，是全体劳动人民和被压迫的人类争取幸福和美好生活的唯一保障。在五一这一天，国际社会民主党这个全世界工人的联盟，要检阅自己的力量，并且团结起来继续为自由、平等和博爱进行不倦的、不屈不挠的斗争。

同志们！我们现在正处在俄国伟大事件的前夕。我们已经开始同专制的沙皇政府进行最后的决死战斗，我们必须把这一战斗进行到底并取得胜利。大家看看，这个恶魔和暴君的政府，这个贪官污吏和资本的走狗的政府使全俄国人民遭到怎样的不幸啊！沙皇政府把俄国人民抛进疯狂的对日战争。人民中有几十万青年丧失生命，葬身远东。这场战争带来的种种灾难是无法用言语形容的。为什么要进行这场战争呢？为了我国掠夺成性的沙皇政府从中国夺来的满洲！为了争夺别国的土地而使俄国人流血，使我们的国家遭到破产。工人和农民的生活愈来愈苦，资本家和官吏套在他们身上的绳索愈拉愈紧，而沙皇政府却驱使人民去掠夺别国土地。昏庸的沙皇将军和贪官污吏葬送了俄国海军，糟蹋了几亿几十亿的人民财富，丧失了整批军队，而战争还在继续进行并带来更多的牺牲。人民破产，工商业停滞，饥荒蔓延，霍乱流行，而专制的沙皇政府却执迷不悟，一意孤行；只要能拯救一小撮恶魔和暴君，它打算葬送俄国；除了对日作战外，它还发动了另一场战争——对全俄国人民作战。

1905 年印成传单

选自《列宁全集》中文第 2 版增订版
第 10 卷第 63—64 页

世界政治中的易燃物

（1908年7月23日〔8月5日〕）

最近，欧洲和亚洲各国革命运动的蓬勃发展，使我们十分清楚地看到无产阶级的国际斗争已经走上了一个新的、比从前高得无可比拟的阶段。

在波斯，爆发了一场以独特的方式把类似俄国的解散第一届杜马[15]同类似俄国1905年底的起义结合起来的反革命运动。可耻地被日本人打败的俄国沙皇军队，正在为雪耻而卖力地替反革命效劳。哥萨克在俄国建立了讨伐、掠夺、杀戮无辜等功勋以后，接着又在波斯建立了镇压革命的功勋。尼古拉·罗曼诺夫站在黑帮地主和被罢工与内战吓破了胆的资本家的前列，疯狂地镇压波斯的革命者，这是理所当然的。虔诚地信仰基督教的俄国军人也不是第一次充当国际刽子手的角色了。英国一面假装置身事外，一面对波斯的反动派和专制制度拥护者采取明显的友好的中立态度，这是稍有不同的现象。英国自由派资产者被自己家里工人运动的发展激怒了，被印度革命斗争的高涨吓坏了，他们愈来愈经常、愈来愈露骨、愈来愈强烈地表明，在立宪方面阅历最深的最"文明的"欧洲政治"活动家"，在群众奋起同资本、同资本主义殖民制度，即奴役、掠夺和暴力的制度作斗争的时候，竟会变成什么样的**野兽**。波斯的革命者在国内的处境是困难的，印度的主人和俄国的反革命政府差不多已经准备好要瓜分波斯了。但是，大不里士的顽强的斗争、似乎已经被击溃的革命者屡次在军事上转败为胜，都表明波斯王的军队即使有俄国的利亚霍夫们和英国的外交官的援助，也会遭到来自下面的极其有力的反抗。一个革命运动能在军事上反击复辟行动，迫使有这种行动的英雄们去向异族人求援，这种革命运动是不会被消灭的，在这种情况下，即使波斯反动派取得最完全的胜利，那也只能是人民的新的愤怒的开端。

在土耳其，青年土耳其党人[16]领导的军队中的革命运动获得了胜利。当然，这种胜利只是胜利了一半，甚至只是胜利了一小半，因为土耳其的尼古拉二世用恢复著名的土耳其宪法的诺言暂时敷衍过去了。但是，革命的这种一半的胜利、旧政权被迫作出的这种仓促的让步，必然会使内战发生更重要得多、更剧烈得多、能吸引更广泛的人民群众参加的新的转折。而内战这所学校，人民并没有白进。这是一所要经受严重考验的学校，它的全部课程**必然**包括反革命的胜利、凶恶的反动派的猖獗、旧政权对反叛者的野蛮镇压等等。但是，只有愚蠢透顶的书呆子和没有头脑的木乃伊才会因人民进入这个受苦的学校而痛哭流涕；这个学校教被压迫的阶级进行内战，教他们取得革命的胜利，并且把现代奴隶群众中的仇恨集中起来。这种仇恨长期隐藏在闭塞的、迟钝的、无知无识的奴隶的心中，他们一旦意识到自己奴隶生活的屈辱，这种仇恨就会引导他们去建立最伟大的历史功勋。

在印度，替“文明的”英国资本家当奴隶的当地人正巧也在最近使得他们的“老爷们”感到惶惶不安。被称为英国对印度的管理制度的暴力和掠夺是没有止境的。在世界上任何一个地方——

LE PROLÉTAIRE, organe russe social-democrate. № 33

ПРОЛЕТАРІЙ

Россійская Соціальдемократическая Рабочая Партія

Пролетаріи всѣхъ странъ, соединяйтесь!

ЖЕНЕВА, Среда, (5 авг.) 23 Іюля 1908

Органъ С.-Петербургскаго и Московскаго комитетовъ Р. С.-Д. Р. П.

Горючій матеріалъ въ мировой политикѣ.

1908 年 7 月 23 日(8 月 5 日)载有列宁《世界政治中的易燃物》
一文(社论)的《无产者报》第 33 号第 1 版

俄国当然除外——群众都没有这样贫困，居民也没有这样经常地挨饿。自由不列颠的最具有自由主义思想和最激进的活动家，像约翰·莫利（Morley）这种俄罗斯和非俄罗斯的立宪民主党人[17]眼中的权威、"进步的"（实际上是在资本面前卑躬屈节的）政论界的明星，都当了印度的统治者，变成了真正的成吉思汗，他们竟能批准"安抚"他们治下的居民的一切措施，直到**杀戮**政治抗议者！英国社会民主党人的小型周报《正义报》[18]（«Justice»）在印度竟被莫利这样一些自由派和"激进派"恶棍所**查禁**。当英国的国会议员、"独立工党"[19]（Independent Labour Party）的领袖基尔-哈第胆敢来到印度，向当地人谈论民主的最起码的要求的时候，所有的英国资产阶级报刊都向这个"反叛者"狂吠起来。现在，最有影响的英国报纸都在咬牙切齿地谈论扰乱印度的"煽动者"，欢迎对印度的民主派政论家采取纯粹俄国式的、普列韦式的法庭判决和行政镇压手段。但是，印度的市井小民开始起来卫护**自己的**作家和政治领袖了。英国豺狼对印度民主主义者提拉克（Tilak）的卑鄙的判决（他被判处长期流放，最近几天向英国下院提出的质询表明，印籍陪审员认为提拉克无罪，是**英籍陪审员判定**他有罪的！），财主的奴才向民主主义者进行的这种报复，在孟买引起了游行示威和罢工。印度的无产阶级也已经成长起来，能进行自觉的群众性的政治斗争了，——既然情况是这样，那么，英国和俄国在印度的秩序已经好景不长了！欧洲人对亚洲国家的殖民掠夺在这些国家中锻炼出一个日本，使它获得了保证自己的独立的民族发展的伟大军事胜利。毫无疑问，英国人对印度的长期的掠夺，目前这些"先进的"欧洲人对波斯和印度的民主派的迫害，将在亚洲**锻炼出**几百万、几千万无产者，把他们锻炼得也能像日本人那样取得反对压迫者的斗争的胜利。欧洲的觉悟的工人已经有了亚洲的同志，而且其人数将不是与日俱增，而是与时俱增。

在中国，反对中世纪制度的革命运动近几个月来也强有力地开展起来了。的确，对这个运动还不能作出明确的估计，因为关于这个运动的消息很少，而关于中国各地造反的消息却很多，但是，“新风”和“欧洲思潮”在中国的强有力的发展，特别是在日俄战争以后，是用不着怀疑的，所以中国的旧式的造反必然会转变为自觉的民主运动。某些参加殖民掠夺的人这一回已经感到惶惶不安，这可以从在印度支那的法国人的举动中看出来：他们竟**帮助**中国的“历史政权”镇压革命者！他们也在为“自己的”那些和中国接壤的亚洲属地的安全而担心。

但是，使法国资产阶级感到不安的不单单是亚洲的属地。在巴黎附近的维尔纳夫-圣乔治修筑街垒，枪杀修筑街垒的罢工者（7 月 30 日（17 日）星期四），这些事件一次又一次地表明了欧洲阶级斗争的尖锐化。代表资本家统治法国的激进派克列孟梭在拼命地摧毁无产阶级头脑中剩下的最后一点资产阶级共和主义的幻想。军队奉“激进派”政府的命令枪杀工人，这类事件在克列孟梭执政时恐怕比过去更多了。克列孟梭已经因此从法国社会党人那里得到了“血人”的外号，现在，当他的暗探、宪兵和将军们又在使工人流血的时候，社会党人想起了这个最进步的资产阶级共和派分子有一次向工人代表说过的一句名言：“我们和你们站在街垒的不同方面”。是的，法国无产阶级和最极端的资产阶级共和派现在已经完全站在街垒的不同方面了。法国工人阶级为了建立共和国和保卫共和国流过很多鲜血，而现在，在共和制度已经完全巩固的基础上，私有者和劳动者之间的决战已经日益临近了。《人道报》[20]就7月30日的事件写道："这不是简单的屠杀，这是战役的一部分。"将军们和警察们总想向工人挑衅，想把和平的、非武装的游行示威变成大血战。但是，当军队从四面八方包围罢工者和示威者，向手无寸铁的人们进攻的时候，他们遭到了反击，街垒迅速地修筑起来了，以至发生了轰动整个法国的事件。该报写道，这些用木板筑成的街垒糟糕得令人发笑。但是重要的并不是这个。重要的是第三共和国曾使修筑街垒不再风行。现在"克列孟梭又使之风行起来"，——而且他明目张胆地谈论这一点，就像"1848年6月的刽子手、1871年的加利费"明目张胆地谈论内战一样。

不只是社会党人报刊在评论7月30日的事件时追溯了这些具有历史意义的伟大日子。资产阶级的报纸穷凶极恶地攻击工人，指责他们说，他们的所作所为是在准备进行社会主义革命。有一家报纸叙述了一个能够说明双方在出事地点的情绪的小小的但是很值得注意的插曲。当工人们抬着一个受伤的同志从指挥攻击罢工者的维尔威尔将军身边走过的时候，示威的人群中发出了喊声："Saluez！"（"敬礼！"），于是资产阶级共和国的将军就向受伤的敌人敬了礼。

无产阶级和资产阶级斗争尖锐化的现象在一切先进的资本主义国家中都可以看到，但是由于历史条件、政治制度和工人运动的形式不同，同样的趋势有不同的表现。在美国和英国，有充分的政治自由，无产阶级缺乏任何革命传统和社会主义传统，或者至少是缺乏比较生动的革命传统和社会主义传统，阶级斗争的尖锐化表现为反对托拉斯的运动的加强、社会主义运动的空前增长和有产阶级对这一运动的注意力的相应增长，表现为工人组织（有时纯粹是经济组织）转而进行有计划的和独立的无产阶级的政治斗争。在奥地利和德国（斯堪的纳维亚国家的情况也部分相同），阶级斗争的尖锐化表现在选举斗争上面，表现在政党的关系上面，表现为各种色彩的资产者都彼此接近起来反对共同的敌人——无产阶级，表现为法庭和警察加紧进行迫害。两个敌对阵营都在缓慢地但是不断地扩大自己的力量，巩固自己的组织，彼此在整个社会生活中的分歧愈来愈尖锐，好像都在一声不响地聚精会神地准备进行即将到来的革命战斗。在罗曼语国家[21]，如意大利，特别是法国，阶级斗争的尖锐化表现为特别猛烈的、急剧的、往往简直是革命的爆发，那时无产阶级埋藏在心底的对压迫者的仇恨突然爆发出来，“和平的”议会斗争局面被真正的内战场面所代替。

无产阶级的国际革命运动在各个国家的发展并不是而且也不可能是以同一的形式均衡地进行的。只有各个国家的工人进行阶级斗争，才能在一切活动场所充分地和全面地利用一切机会。每一个国家都把自己的有价值的独创的特点汇入总的潮流里来，但是，在每个国家里，运动都有某种片面性的毛病，都有各个社会主义政党所具有的某些理论上或实践上的缺点。总的说来，我们可以很清楚地看到，国际社会主义运动已经向前迈进了一大步，无产阶级百万大军已经在同敌人的一系列的具体冲突中团结起来，同资产阶级的决定性的斗争已经愈来愈近。这次斗争，从工人阶级方面来说，**准备得**将比无产者最近一次伟大起义即巴黎公社的时期要好许多倍。

整个国际社会主义运动的这一进步，以及亚洲革命民主主义斗争的尖锐化，使俄国革命处于特殊的和特别困难的条件之下。俄国革命在欧洲和在亚洲都有伟大的国际同盟军，但是，**也正是由**

于这一点，它不仅有国内的敌人，不仅有俄国的敌人，而且有**国际的**敌人。针对日益强大的无产阶级斗争的反动活动，在一切资本主义国家里都是不可避免的，这种反动活动把世界各国的资产阶级政府团结起来去反对一切人民运动，反对亚洲的、特别是欧洲的一切革命。我们党内的机会主义者正像大多数俄国自由派知识分子一样，至今还在幻想俄国的资产阶级革命"不要推开"资产阶级，不要吓倒他们，不要产生"过分的"反动，不要造成革命阶级夺取政权的局面。这真是白日做梦，真是庸人的空想！在世界各先进国家里，易燃物极其迅速地增多，烈火极其明显地延烧到昨天还在沉睡的大多数亚洲国家去，国际资产阶级反动活动的加强和各个国家的民族革命的尖锐化是绝对不可避免的。

俄国的反革命没有完成而且也不能完成我国革命的历史任务。俄国资产阶级不可避免地愈来愈倾向于国际反无产阶级和反民主的潮流。俄国无产阶级不应当指靠自由派同盟者。它应当独立地沿着自己的道路向革命的完全胜利迈进：相信农民群众自己必然要用暴力来解决俄国的土地问题，帮助他们推翻黑帮地主和黑帮专制制度的统治，给自己提出在俄国建立无产阶级和农民的民主专政的任务，并要记住俄国无产阶级的斗争和它的胜利同国际革命运动有不可分割的联系。对反革命的（俄国的和全世界的）资产阶级的自由主义少抱幻想，对国际革命无产阶级的成长多加关心！

载于 1908 年 7 月 23 日（8 月 5 日）《无产者报》第 33 号

选自《列宁全集》中文第 2 版增订版第 17 卷第 155—163 页

俄国社会民主工党第六次（布拉格）全国代表会议文献[22]（节选）

（1912 年 1 月）

关于中国革命

鉴于政府的报纸和自由派的报纸（《言语报》）为了俄国资本家的利益，掀起一场宣传运动，叫嚣要乘中国发生革命运动之机占领与俄国接壤的中国的几个地区，代表会议指出，中国人民的革命斗争具有世界意义，因为它将给亚洲带来解放并将破坏欧洲资产阶级的统治，代表会议祝贺中国的革命共和派，表明俄国无产阶级怀着极大的热忱和深切的同情注视着中国革命人民获得的成就，并斥责俄国自由派支持沙皇政府掠夺政策的行为。

载于 1912 年 2 月俄国社会民主工党中央委员会在巴黎出版的《俄国社会民主工党全国代表会议》小册子

选自《列宁全集》中文第 2 版增订版第 21 卷第 163 页

中国的民主主义和民粹主义

（1912年7月15日〔28日〕）

中华民国临时大总统孙中山的一篇文章[23]（我们是从布鲁塞尔的社会主义报纸《人民报》[24]上转载来的）使我们俄国人非常感兴趣。

俗话说：旁观者清。孙中山是一位非常有意思的“旁观”者，因为他虽然是个受过欧洲教育的人，但是显然完全不了解俄国。可是这位受过欧洲教育的人，这位代表已经争得了共和制度的、战斗的和胜利的中国民主派的人，在完全不管俄国、不管俄国经验和俄国文献的情况下，提出了一些纯粹俄国的问题。这位先进的中国民主主义者简直像一个俄国人那样发表议论。他同俄国民粹主义者十分相似，以至基本思想和许多说法都完全相同。

旁观者清。伟大的中国民主派的纲领（孙中山的文章正是这样的纲领），迫使我们，同时也给了我们一个方便的机会再一次根据新的世界事态来研究亚洲现代资产阶级革命中民主主义和民粹主义的相互关系问题。这是俄国在从1905年开始的俄国革命时期所面临的最重大的问题之一。从中华民国临时大总统的纲领中，特别是把这个纲领同俄国、土耳其、波斯和中国的革命事态的发展对照一下，就可以看出不仅俄国面临这个问题，整个亚洲也面临这个问题。俄国在许多重要方面无疑是一个亚洲国家，而且是一个最野蛮的、中世纪式的、丢人地落后的亚洲国家。

俄国资产阶级民主派，从它的早期的单枪匹马的先驱者贵族赫尔岑起到它的群众性的代表—— 1905 年农民协会[25]会员和 1906—1912 年的头三届杜马中的劳动派[26]代表止，都具有民粹主义色彩。现在我们看到，中国资产阶级民主派也具有完全同样的民粹主义色彩。这里我们试就孙中山的例子来考察一下，目前已经完全卷入全世界资本主义文明潮流的几万万人的深刻革命运动所产生的思想的“社会意义”究竟在什么地方。

孙中山的纲领的字里行间都充满了战斗的、真诚的民主主义。它充分认识到“种族”革命的不足，丝毫没有忽视政治问题，或者说，丝毫没有轻视政治自由或容许中国专制制度与中国“社会改革”、中国立宪改革等等并存的思想。这是带有建立共和制度要求的完整的民主主义。它直接提出群众生活状况及群众斗争问题，热烈地同情被剥削劳动者，相信他们是正义的和有力量的。

我们现在看到的是真正伟大的人民的真正伟大的思想；这样的人民不仅会为自己历来的奴隶地位而痛心，不仅会向往自由和平等，而且会同中国历来的压迫者**作斗争**。

人们自然可以把亚洲这个野蛮的、死气沉沉的中国的共和国临时大总统与欧美各先进文明国家的共和国总统比较一下。**那里的**共和国总统都是受资产阶级操纵的生意人、是他们的代理人或傀儡，而那里的资产阶级则已经腐朽透顶，从头到脚都沾满了污垢和鲜血——不是国王和皇帝的鲜血，而是为了进步和文明在罢工中被枪杀的工人们的鲜血。那里的总统是资产阶级的代表，那里的资产阶级则早已抛弃了青年时代的一切理想，已经完全变得寡廉鲜耻了,已经完全把自己出卖给百万富翁、亿万富翁和资产阶级化了的封建主等等了。

这位亚洲的共和国临时大总统则是充满着崇高精神和英雄气概的革命的民主主义者,这种精神和气概是一个向上发展而不是衰落下去的阶级所固有的;这个阶级不惧怕未来,而是相信未来,奋不顾身地为未来而斗争;这个阶级憎恨过去,善于抛弃过去时代的麻木不仁的和窒息一切生命的腐朽东西,决不为了维护自己的特权而硬要保存和恢复过去的时代。

这是怎么一回事呢?这是不是说唯物主义的西方已经腐朽了,只有神秘的、富有宗教色彩的东方才光芒四射呢?不,恰恰相反。这是说,东方已完全走上了西方的道路,今后还会有**几万万**人为争取西方已经实现的理想而斗争。西方资产阶级已经腐朽了,在它面前已经站着它的掘墓人——无产阶级。在亚洲却**还**有能够代表真诚的、战斗的、彻底的民主派的资产阶级,他们不愧为法国18世纪末叶的伟大宣传家和伟大活动家的同志。

这个还能从事历史上进步事业的亚洲资产阶级的主要代表或主要社会支柱是农民。农民旁边还有一个自由派资产阶级,它的活动家如袁世凯之流最善于变节:他们昨天害怕皇帝,匍匐在他面前;后来看到了革命民主派的力量,感觉到革命民主派就要取得胜利时,就背叛了皇帝;明天则可能为了同某个老的或新的"立宪"皇帝勾结而出卖民主派。

没有真诚的民主主义的高涨,中国人民就不可能摆脱历来的奴隶地位而求得真正的解放,只有这种高涨才能激发劳动群众,使他们创造奇迹。在孙中山的纲领的每一句话中都可以看出这种高涨。

但是在这位中国民粹主义者那里，这种战斗的民主主义思想首先是同社会主义空想、同使中国避免走资本主义道路即防止资本主义的愿望结合在一起的，其次是同宣传和实行激进的土地改革的计划结合在一起的。后面这两种思想政治倾向正是构成具有独特含义的（即不同于民主主义的、超出民主主义的）**民粹主义**的因素。

这两种倾向是怎样产生的？它们的意义如何？

如果没有群众的革命情绪的蓬勃高涨，中国民主派不可能推翻中国的旧制度，不可能争得共和制度。这种高涨以对劳动群众生活状况的最真挚的同情和对他们的压迫者及剥削者的最强烈憎恨为前提，同时又反过来产生这种同情和憎恨。先进的中国人，**所有**经历过这种高涨的中国人，从欧美吸收了解放思想，但在欧美，提到日程上的问题已经是**摆脱**资产阶级而求得解放，即实行社会主义的问题。由此必然产生中国民主派对社会主义的同情，产生他们的**主观**社会主义。

他们在主观上是社会主义者，因为他们反对对群众的压迫和剥削。但是中国这个落后的、农业的、半封建国家的**客观**条件，在将近 5 亿人民的生活日程上，只提出了这种压迫和这种剥削的一定的历史独特形式——封建制度。农业生活方式和自然经济占统治地位是封建制度的基础；以这种或那种方式把中国农民**束缚**在土地上，这是他们受封建剥削的根源；这种剥削的政治代表就是封建主，以皇帝为整个制度首脑的封建主整体和单个的封建主。

因此，这位中国民主主义者的主观社会主义思想和纲领，事实上**仅仅**是“改变不动产的全部法权根据”的纲领，**仅仅**是消灭封建剥削的纲领。

孙中山的民粹主义的**实质**，他的进步的、战斗的、革命的资产阶级民主主义土地改革纲领以及他的所谓社会主义理论的**实质**就在这里。

从学理上来说，这个理论是小资产阶级反动“社会主义者”的理论。这是因为认为在中国可以“防止”资本主义，认为中国既然落后就比较容易实行“社会革命”等等的看法，都是极其反动的空想。孙中山可以说是以其独特的少女般的天真粉碎了自己反动的民粹主义理论，承认了生活迫使他承认的东西：“中国处在大规模的工业〈即资本主义〉发展的前夜”，中国“商业〈即资本主义〉也将大规模地发展起来”，“再过 50 年，我们将有许多上海”，即拥有几百万人口的资本家发财和无产阶级贫困的中心城市。

试问，孙中山有没有用自己反动的经济理论来捍卫真正反动的土地纲领呢？这是问题的全部关键所在，是最重要的一点，被掐头去尾和被阉割的自由派假马克思主义**面对**这个问题往往不知所措。

没有，——问题也就在这里。中国社会关系的辩证法就在于：中国的民主主义者真挚地同情欧洲的社会主义，把它改造成为反动的理论，并**根据**这种“防止”资本主义的反动理论制定**纯粹资本主义的**、十足资本主义的土地纲领！

孙中山在文章的开头谈得如此娓娓动听而又如此含糊其词的“经济革命”归结起来究竟是什么呢？

就是把地租转交给国家，即通过亨利·乔治式的某种单一税来实行土地国有化。孙中山所提出和鼓吹的“经济革命”，决没有其他**实际的东西**。

穷乡僻壤的地价与上海的地价的差别，是地租量上的差别。

地价是资本化的地租。使地产“价值的增殖额”成为“人民的财产”，也就是说把地租即土地所有权交给国家，或者说使土地国有化。

在资本主义范围内实行这种改革有没有可能呢？不但有可能，而且是最纯粹、最彻底、最完善的资本主义。马克思在《哲学的贫困》中指出了这一点，在《资本论》第 3 卷中详尽地证明了这一点，在《剩余价值理论》中与洛贝尔图斯论战时非常清楚地发挥了这一点。①

土地国有化能够消灭绝对地租，只保留级差地租。按照马克思的学说，土地国有化就是：尽量铲除农业中的中世纪式的垄断和中世纪关系，使土地买卖有最大的自由，使农业最容易适应市场。历史的讽刺在于：民粹派为了“防止”农业中的“资本主义”，竟然实行一种土地纲领，它的彻底实现会使农业中的资本主义得到**最**迅速发展。

是什么经济上的必要性使得最先进的资产阶级民主主义土地纲领能够在亚洲一个最落后的农民国家中得到推行呢？是把各种形式各种表现的封建主义摧毁的必要性。

中国愈落在欧洲和日本的后面，就愈有四分五裂和民族解体的危险。只有革命人民群众的英雄主义才能“振兴”中国，才能在政治方面建立中华民国，在土地方面实行国有化以保证资本主义最迅速的发展。

能不能做到这一点，能做到什么程度，——这是另一个问题。

---

① 见《马克思恩格斯文集》第 1 卷第 638—649 页，第 7 卷第 731—758 页和《马克思恩格斯全集》中文第 2 版第 34 卷第 164—177 页。——编者注

不同的国家通过自己的资产阶级革命所实现的政治方面和土地方面的民主主义，在程度上是不同的，而且情况是错综复杂的。这要看国际形势和中国各种社会力量的对比而定。看来皇帝大概会把封建主、官僚、僧侣联合起来，准备复辟。刚刚从自由主义君主派变成自由主义共和派（能长久吗？）的资产阶级代表袁世凯，将在君主制和革命之间实行随风倒的政策。以孙中山为代表的革命的资产阶级民主派，正在发挥农民群众在政治改革和土地改革方面的高度主动性、坚定性和果断精神，从中正确地寻找"振兴"中国的道路。

最后，由于在中国将出现更多的上海，中国无产阶级也将日益成长起来。它一定会建立这样或那样的中国社会民主工党，而这个党在批判孙中山的小资产阶级空想和反动观点时，大概会细心地挑选出他的政治纲领和土地纲领中的革命民主主义内核，并加以保护和发展。

载于1912年7月15日《涅瓦明星报》第17号

选自《列宁全集》中文第2版增订版第21卷第426—432页

新生的中国

（1912年11月8日〔21日〕）

先进文明的欧洲对中国的新生不感兴趣。4亿落后的亚洲人争得了自由，开始积极参加政治生活了。地球上**四分之一**的人口可以说已经从沉睡中醒来，走向光明，投身运动，奋起斗争了。

文明的欧洲却不加理会。直到现在，甚至法兰西共和国都还没有正式承认中华民国！法国众议院不久将就这一点提出质询。

为什么欧洲这样冷漠呢？这是因为在西方各国居于统治地位的是帝国主义资产阶级，而这个阶级已经腐烂了四分之三，准备把自己的“文明”全部出卖给任何一个冒险家，以便换取对付工人的“严厉”办法，或者说，以便从每个卢布多赚5戈比的利润。在这个资产阶级眼里，中国**不过**是一块肥肉。现在，当俄国“温柔地拥抱了”蒙古以后，日本人、英国人、德国人等等也都要来捞上一把了。

但是，中国新生的进程仍在继续。目前，正在开始选举国会——专制制度推翻以后的**第一届**国会[27]。众议院将由600名议员组成，“参议院”将由274名议员组成。

1924 年 12 月 20 日《新青年》季刊第 4 期封面和该刊所载的列宁《新生的中国》(当时译《革命后的中国》)一文的中译文

采用的选举制既**不是**普选制也**不是**直接选举制。只有年满21岁、在选区内居住两年以上、交纳约合2卢布的直接税或拥有约合500卢布财产的人才有选举权。先选出复选人,再由复选人选举议员。

这样的选举制就已经表明,在没有无产阶级或无产阶级完全没有力量的情况下富裕农民和资产阶级结成了联盟。

中国各政党的性质也表明了这种情况。主要的政党有三个[28]:

(1)"激进社会"党。这个党实际上同我国的"人民社会党"(以及十分之九的"社会革命党人")一样,**丝毫没有**社会主义的思想。这是一个小资产阶级**民主派**的政党。它的主要要求是:实现中国的政治统一,发展"面向社会"(这种用语同我国民粹派和社会革命党人惯用的"劳动原则"和"平均制"一样含糊不清)的工商业,维护和平。

(2)第二个政党是自由派。它与"激进社会"党联合,共同组成"**国民党**"。这个党很可能在中国第一届国会中占多数。它的领袖就是著名的孙中山博士。现在他正忙于制定大规模的铁路网计划(请俄国民粹派注意:孙中山这样做是**为了**使中国"越过"资本主义!)。

(3)第三个政党叫做"共和派联盟"。这是一个在政治上招摇撞骗的典型!事实上它是**保守**党,主要依靠中国**北方**也就是中国最落后地区的官僚、地主和资产者。"国民"党则主要依靠有较多工业的、较先进、较发达的中国**南方**。

"国民党"的主要支柱是广大的农民群众。它的一些领袖是曾在国外留学的知识分子。

农民民主派与自由派资产阶级的联盟使中国争得了自由。没有得到无产阶级政党领导的农民究竟能否坚持民主主义立场**对付**那些伺机向右转的自由派,——这在不久的将来便会见分晓。

载于 1912 年 11 月 8 日《真理报》
第 163 号

选自《列宁全集》中文第 2 版增订版
第 22 卷第 208—209 页

马克思学说的历史命运[29]（节选）

（1913年3月1日〔14日〕）

三

当机会主义者还在对"社会和平"赞不绝口，还在对实行"民主制"可以避免风暴赞不绝口的时候，极大的世界风暴的新的发源地已在亚洲出现。继俄国革命之后，发生了土耳其、波斯和中国的革命。我们现在正处在这些风暴以及它们"反过来影响"欧洲的时代。不管各种"文明"豺狼现在切齿痛恨的伟大的中华民国的命运如何，世界上的任何力量也不能恢复亚洲的旧的农奴制度，不能铲除亚洲式和半亚洲式国家中的人民群众的英勇的民主精神。

有些人不注意群众斗争进行准备和得以发展的条件，看到欧洲反资本主义的决战长时间地推迟，就陷入绝望和无政府主义。现在我们看到，这种无政府主义的绝望是多么近视，多么懦弱。

八亿人民的亚洲投入了为实现和欧洲相同的理想的斗争，从这个事实中应当得到的不是绝望，而是振奋。

亚洲各国的革命同样向我们揭示了自由派的毫无气节和卑鄙无耻，民主派群众独立行动的特殊意义，无产阶级和一切资产阶级之间分明的界限。有了欧亚两洲的经验，谁若还说什么非阶级的政治和**非**阶级的社会主义，谁就只配关在笼子里，和澳洲袋鼠一起供人观赏。

欧洲也跟着亚洲行动起来了，不过不是按照亚洲的方式。1872—1904年的“和平”时期已经一去不复返了。物价的飞涨和托拉斯的压榨已使经济斗争空前尖锐化，这甚至使那些受自由派腐蚀最深的英国工人也行动起来了。就是在德国这个最“顽固的”资产阶级容克[30]国家里，政治危机也在迅速成熟。疯狂的扩充军备和帝国主义政策，使得目前欧洲的“社会和平”活像一桶火药。而**一切**资产阶级政党的解体和无产阶级的成熟的过程正在持续地进行。

自马克思主义出现以后，世界历史的这三大时期中的每一个时期，都使它获得了新的证明和新的胜利。但是，即将来临的历史时期，定会使马克思主义这个无产阶级的学说获得更大的胜利。

载于1913年3月1日《真理报》第50号

选自《列宁全集》中文第2版增订版第23卷第3—4页

中华民国的巨大胜利

（1913年3月22日〔4月4日〕）

大家知道，亚洲人民群众中先进的民主派不惜重大牺牲建立起来的伟大的中华民国，最近遭到了极其严重的财政困难。算做是文明国家而实际上执行最反动政策的六“大”强国，成立了银行团（协作性组织），一致停止向中国提供贷款！

问题在于，中国革命在欧洲资产阶级中间所引起的不是对自由和民主事业的热忱（只有无产阶级才能有这种感情，牟取暴利的骑士是不会有这种感情的），而是**掠夺**中国、开始瓜分中国、攫取中国领土的野心。六个强国（英、法、俄、德、日、美）的“银行团”力图使中国破产，以便削弱和破坏这个共和国。

这个赢得全世界劳动群众同情的年轻共和国所取得的一个巨大胜利，就是这个黑帮银行团的**瓦解**。美国总统宣称：美国政府将不再支持这个银行团，它在最近的将来要正式**承认**中华民国。现在美国的银行都已**退出**银行团。美国即将给予中国十分必要的财政援助，为美国资本开辟中国市场，促进中国的改良事业。

在美国的影响下，日本也改变了对中国的政策。起初日本甚至不愿意让孙中山到日本去！现在他已经去了，日本所有的民主主义者都热烈欢迎同共和制的中国建立联盟；同中国缔结**联盟**已经提到日程上来了。日本资产阶级像美国资产阶级一样,懂得了实行对中国的和平政策比实行掠夺和瓜分中华民国的政策对自己更有利。

强盗般的银行团的瓦解,自然也是俄国推行的反动对外政策的一大失败。

载于1913年3月22日《真理报》第68号

选自《列宁全集》中文第2版增订版第23卷第29—30页

中国各党派的斗争

（1913年4月28日〔5月11日〕）

中国人民终于推翻了中世纪的旧制度和维护这个制度的政府。在中国建立了共和制，这个伟大的亚洲国家（长期以来，这个国家一成不变，停滞不前，曾使各国黑帮分子感到高兴）的**第一届国会**——中国第一届国会已经选了出来，召开了会议，并且已经开了几个星期。

在中国国会的两院中，孙中山的拥护者国民党人[31]在众议院略占多数；要是拿与俄国情况相当的用词来说明这个党的实质，应该把它叫做激进民粹主义共和党，也就是民主派政党。在参议院，拥护这个党的占较大的多数。

和这个党对立的是一些较小的温和派或保守派政党。它们的名称很多，如"进步党"[32]等等。事实上，**所有**这些政党都是**反动派**的政党，即官僚、地主和反动资产阶级的政党。它们都倾向于愈来愈摆出一副独裁者架势的中国立宪民主党人——共和国临时大总统袁世凯。袁世凯的行径和立宪民主党人一模一样，昨天他是一个保皇派，今天革命民主派胜利了，他成了一个共和派，明天他又打算当复辟后的君主制国家的首脑，也就是打算出卖共和制。

孙中山的党依靠的是中国工商业最发达、受欧洲影响最大、最先进的**南方**。

袁世凯的党依靠的则是中国落后的**北方**。

最初几次冲突的结果是袁世凯暂时取得了胜利：他把所有"温和派的"（即反动派的）政党联合起来，分化出部分"国民党人"，使**自己的**候选人当上国会众议院议长[33]，并且**不顾**国会的反对，签订了向"欧洲"即向欧洲亿万富翁这些骗子借款的**债约**[34]。借款的条件很苛刻，简直是重利盘剥，是以盐业专卖收入作为担保的。借款将使中国遭受凶残的、极端反动的欧洲资产阶级的奴役。这个资产阶级只要有利可图，就准备扼杀任何民族的自由。将近有 25 000 万卢布的借款为欧洲资本家提供巨额利润。

对欧洲无产阶级怀着反动的恐惧心理的欧洲资产阶级，就这样同中国各个反动阶级和反动阶层结成了联盟。

对孙中山的党来说，与这个联盟进行斗争是很艰巨的。

这个党的弱点是什么呢？弱点是它还**不能充分地**吸引中国**广大**人民**群众**参加革命。中国无产阶级还很弱小，所以没有一个能够坚决而又自觉地将民主革命的斗争进行到底的先进阶级。由于没有无产阶级这个领导者，农民非常闭塞、消极、愚昧、对政治漠不关心。虽然革命推翻了旧的腐朽透顶的君主制，虽然共和制取得了胜利，但是中国却**没有**普选权！国会选举是有资格限制的，只有那些拥有将近 500 卢布财产的人才有选举权！由此也可以看出，吸引真正广大的人民群众来积极支持中华民国这件事还做得**很差**。如果没有**群众**的这种支持，没有一个有组织的、坚定的先进阶级，共和国就**不可能是**巩固的。

尽管中国革命民主派的领袖孙中山有很大缺点（由于缺少无产阶级这个支柱而耽于幻想和优柔寡断），中国革命民主派在唤醒人民、争取自由和建立彻底的民主制度方面还是作出了许多贡献。孙中山的这个党只要能吸引愈来愈广泛的中国农民群众参加运动和参加政治斗争，它就能逐渐成为（与这种吸引程度相适应）亚洲进步和人类进步的伟大因素。不管那些依靠国内反动势力的政治骗子、冒险家和独裁者可能使这个党遭到什么样的失败，这个党的工作是永远不会徒劳无功的。

载于1913年5月3日《真理报》
第100号

选自《列宁全集》中文第2版增订版
第23卷第128—130页

亚洲的觉醒

（1913年5月7日〔20日〕）

中国不是早就被公认为是长期完全停滞的国家的典型吗？但是现在中国的政治生活沸腾起来了，社会运动和民主主义高潮正在汹涌澎湃地发展。继俄国1905年的运动之后，民主革命席卷了整个亚洲——席卷了土耳其、波斯、中国。在英属印度，动乱也在加剧。

值得注意的是：革命民主运动现在又遍及荷属印度①，即爪哇岛及其他荷属殖民地，人口共达4 000万。

这个民主运动的代表者：第一是爪哇的人民群众，他们在伊斯兰教旗帜下掀起了民族主义运动；第二是资本主义在已经习惯了当地风土人情的欧洲人中间培养的当地知识分子，这些欧洲人主张荷属印度独立；第三是爪哇和其他岛上的数量很多的华侨，他们从本国带来了革命运动。

荷兰马克思主义者万拉维斯泰因在描述荷属印度的这种觉醒时指出，荷兰政府历来的暴政与专横现在正遭到土著居民群众的坚决反击和抗议。

---

① 即印度尼西亚。——编者注

1924 年 12 月 20 日《新青年》季刊第 4 期封面和该刊所载的列宁《亚洲的觉醒》(当时译《亚洲的醒悟》)和《落后的欧洲和先进的亚洲》(当时译《落后的欧洲及先进的亚洲》)的中译文

革命前夕常见的现象出现了:各种社团和政党以惊人的速度在产生。政府加以禁止,但却激起更大的怒火,激起运动更加蓬勃的发展。例如,不久前荷兰政府解散了“印度党”[35],因为该党的章程和纲领提出了争取**独立**的要求。荷兰的“杰尔席莫尔达”[36](顺便说说,教权派和自由派都是赞成他们的,因为欧洲自由主义已经腐朽了!)认为这是想脱离荷兰的罪恶要求!当然,被解散了的政党在改换了名称之后又恢复了活动。

在爪哇,产生了土著人的民族协会[37],这个协会已有 8 万名会员,并组织了群众大会。民主运动的发展是不可遏止的。

世界资本主义和俄国 1905 年的运动终于唤醒了亚洲。几万万受压制的、由于处于中世纪的停滞状态而变得粗野的人民觉醒过来了,他们走向新生活,为争取人的起码权利、为争取民主而斗争。

世界各先进国家的工人以关切、兴奋的心情注视着全球各地各种形式的世界解放运动的这种气势磅礴的发展。被工人运动的力量吓坏了的欧洲资产阶级,投到反动势力、军阀、僧侣主义和蒙昧主义的怀抱里去了。但是,欧洲各国的无产阶级以及亚洲各国年轻的、对自己力量充满信心、对群众充满信任的民主派,正在起来代替这些气息尚存但已日趋腐朽的资产阶级。

亚洲的觉醒和欧洲先进无产阶级夺取政权斗争的开始,标志着 20 世纪初所开创的全世界历史的一个新阶段。

载于 1913 年 5 月 7 日《真理报》第 103 号

选自《列宁全集》中文第 2 版增订版第 23 卷第 160—161 页

落后的欧洲和先进的亚洲

（1913年5月10日〔23日〕）

把标题中的这两个词组作对比，似乎是不合情理的。谁不知道欧洲先进，亚洲落后呢？但是用做本文标题的这两个词组却包含着一个辛辣的真理。

技术十分发达、文化丰富全面、实行立宪、文明又先进的欧洲，已经进入这样一个历史时期，这时当权的资产阶级由于惧怕日益成长壮大的无产阶级而支持一切落后的、垂死的、中世纪的东西。正在衰朽的资产阶级与一切已经衰朽的和正在衰朽的势力联合起来，以求保存摇摇欲坠的雇佣奴隶制。

在先进的欧洲，当权的是支持一切落后东西的资产阶级。当今欧洲之所以先进，并不是**由于**资产阶级的存在，而是由于**不顾**资产阶级的反对，因为只有无产阶级才能使争取美好未来的百万大军日益壮大起来，只有它才能保持和传播对落后、野蛮、特权、奴隶制和人侮辱人现象的无情的仇视心理。

在“先进的”欧洲，**只有**无产阶级才是**先进的**阶级。而活着的资产阶级甘愿干一切野蛮、残暴和罪恶的勾当，以维护垂死的资本主义奴隶制。

欧洲资产阶级为了金融经纪人和资本家骗子的自私目的而支

持亚洲的**反动势力**，这可以说是**整个**欧洲资产阶级已经腐朽的一个最明显不过的例子。

在亚洲，强大的民主运动到处都在发展、扩大和加强。那里的资产阶级**还**在同人民一起反对反动势力。**数**亿人正在觉醒起来，追求生活，追求光明，追求自由。这个世界性的运动使一切懂得只有通过民主才能达到集体主义的觉悟工人多么欢欣鼓舞！一切真诚的民主主义者对年轻的亚洲是多么同情！

而"先进的"欧洲呢？它掠夺中国，帮助中国那些反对民主和自由的人！

请看一笔很简单而又很有教益的账吧。为了**反对**中国的民主派，已经签订向中国提供一笔新借款的契约，因为"欧洲"**支持**准备实行军事独裁的袁世凯。为什么它要支持袁世凯呢？因为这是一笔有利可图的生意。借款数目将近 25 000 万卢布，但要按 100 卢布折合 84 卢布的行市计算。这就是说，"欧洲"资产者**实际付给**中国人 21 000 万卢布；而他们向公众则要去 22 500 万卢布。你看，在几星期内，一下子就赚得 **1 500 万卢布**的纯利！这岂不确实是一笔很大的"**纯**"利吗？

要是中国人民不承认这笔借款呢？中国不是建立了共和制而国会中的多数又**反对**这笔借款吗？

啊，那时"先进的"欧洲就会大喊什么"文明"、"秩序"、"文化"和"祖国"！那时它就会出动**大炮**，并与那个冒险家、卖国贼、反动势力的朋友袁世凯勾结起来扼杀"落后的"亚洲的共和制！

整个欧洲的当权势力，整个欧洲的资产阶级，都是与中国的一切反动势力和中世纪势力**勾结在一起**的。

但整个年轻的亚洲，即亚洲数亿劳动者，却有着一切文明国家里的无产阶级做他们的可靠的同盟者。世界上没有任何力量能阻止无产阶级的胜利,而这一胜利一定能把欧洲各国人民和亚洲各国人民都解放出来。

载于 1913 年 5 月 18 日《真理报》第 113 号

选自《列宁全集》中文第 2 版增订版第 23 卷第 165—167 页

几 个 要 点[38]

编辑部的话(节选)

(1915 年 9 月 30 日〔10 月 13 日〕)

在目前这场战争中,如果革命使无产阶级政党掌握了政权,那它要做些什么呢?我们的回答是:我们要向**各**交战国建议媾和,条件是解放殖民地和**所有**从属的、受压迫的、没有充分权利的民族。无论是德国还是英国和法国,只要它们的现政府还在执政,都不会接受这个条件。那时我们就应当准备和进行革命战争,就是说,不仅要采取最坚决的措施来彻底实现我们的整个最低纲领,还要有步骤地推动现在受大俄罗斯人压迫的一切民族、亚洲的一切殖民地和附属国(印度、中国、波斯等)举行起义,而且,首先要推动欧洲的社会主义无产阶级,使他们违反本国社会沙文主义者的意志,举行起义来反对本国政府。毫无疑问,俄国无产阶级的胜利将会给亚洲和欧洲的革命的发展创造非常有利的条件。**甚至** 1905 年就已经证明了这一点。尽管有机会主义和社会沙文主义的龌龊泡沫,革命无产阶级的国际团结却已经成为**事实**。

载于 1915 年 10 月 13 日《社会民主党人报》第 47 号

选自《列宁全集》中文第 2 版增订版第 27 卷第 55—56 页

帝国主义是资本主义的最高阶段

（通俗的论述）[39]（节选）

（1916年1—6月）

九　对帝国主义的批评

被考茨基叫做超帝国主义的东西，也就是霍布森比他早13年叫做国际帝国主义的那个东西。除了用一个拉丁语词头代替另一个词头，编造出一个深奥的新词以外，考茨基的“科学”见解的唯一的进步，就是企图把霍布森所描写的东西，实质上是英国牧师的伪善言词，冒充为马克思主义。在英布战争[2]以后，英国牧师这一高贵等级把主要力量用来**安慰**那些在南部非洲作战丧失了不少生命，并且为保证英国金融家有更高的利润而交纳了更高捐税的英国小市民和工人，这本来是很自然的。除了说帝国主义并不那么坏，说它很快就要成为能够保障永久和平的国际（或超）帝国主义，还能有什么更好的安慰呢？不管英国的牧师或甜蜜的考茨基抱着什么样的善良意图，考茨基的“理论”的客观即真正的社会意义只有一个，就是拿资本主义制度下可能达到永久和平的希望，对群众进行最反动的安慰，其方法就是使人们不去注意现代的尖锐矛盾和尖锐问题，而去注意某种所谓新的将来的“超帝国主义”的虚假前途。在考茨基的“马克思主义”理论里，除了对群众的欺骗以外，没有任何别的东西。

其实只要同那些人人皆知的不容争辩的事实好好对比一下，就会清楚地知道，考茨基硬要德国工人（和各国工人）相信的那种前途是多么虚假。拿印度、印度支那和中国来说吧。谁都知道，这三个共有 6 亿—7 亿人口的殖民地和半殖民地的国家，是受英、法、日、美等几个帝国主义大国的金融资本剥削的。假定这些帝国主义国家组成了几个彼此敌对的联盟，以保持或扩大它们在上述亚洲国家中的领地、利益和“势力范围”，这将是一些“国际帝国主义的”或“超帝国主义的”联盟。假定**所有**帝国主义大国组成一个联盟来“和平”瓜分上述亚洲国家，这将是一种“实行国际联合的金融资本”。在 20 世纪的历史上就有这种联盟的实际例子，如列强共同对付中国[40]就是这样。试问，在保存着资本主义的条件下（考茨基正是以这样的条件为前提的），“可以设想”这些联盟不是暂时的联盟吗？“可以设想”这些联盟会消除各种各样的摩擦、冲突和斗争吗？

只要明确地提出问题，就不能不给以否定的回答。因为在资本主义制度下，瓜分势力范围、利益和殖民地等等，除了以瓜分者的**实力**，也就是以整个经济、金融、军事等等的实力为根据外，**不**可能设想有其他的根据。而这些瓜分者的实力的变化又各不相同，因为在资本主义制度下，各个企业、各个托拉斯、各个工业部门、各个国家的发展不可能是**平衡的**。如果拿半个世纪以前德国的资本主义实力同当时英国的实力相比，那时德国还小得可怜；日本同俄国相比，也是如此。是否“可以设想”一二十年之后，帝国主义大国的实力对比依然**没有**变化呢？绝对不可以。

所以,资本主义现实中的(而不是英国牧师或德国"马克思主义者"考茨基的庸俗的小市民幻想中的)"国际帝国主义的"或"超帝国主义的"联盟,不管形式如何,不管是一个帝国主义联盟去反对另一个帝国主义联盟,还是**所有**帝国主义大国结成一个总联盟,都**不可**避免地只会是两次战争之间的"喘息"。和平的联盟准备着战争,同时它又是从战争中生长出来的,两者互相制约,在世界经济和世界政治的帝国主义联系和相互关系这个**同一**基础上,形成和平斗争形式与非和平斗争形式的彼此交替。聪明绝顶的考茨基为了安定工人,使他们同投到资产阶级方面去的社会沙文主义者调和,就把一条链子上的这一环节同另一环节**割开**,把今天**所有**大国为了"安定"中国(请回忆一下对义和团起义的镇压)而结成的和平的(而且是超帝国主义的,甚至是超而又超的帝国主义的)联盟,同明天的、非和平的冲突割开,而这种非和平的冲突,又准备着后天"和平的"总联盟来瓜分譬如说土耳其,**如此等等**。考茨基不提帝国主义和平时期同帝国主义战争时期之间的活生生的联系,而把僵死的抽象概念献给工人,是为了使工人同他们那些僵死的领袖调和。

美国人希尔在他的《欧洲国际关系发展中的外交史》一书序言中,把现代外交史分为以下几个时期:(1)革命时代;(2)立宪运动;(3)当今的"商业帝国主义"时代①。另一个作家则把1870年以来的大不列颠"世界政策"史分为四个时期:(1)第一个亚洲时期(反对俄国在中亚朝印度方向扩张);(2)非洲时期(大约在1885—1902年),为了瓜分非洲而同法国斗争(1898年的"法索

① 戴维·杰恩·希尔《欧洲国际关系发展中的外交史》第1卷第X页。

达”事件[41]，——差一点同法国作战）；（3）第二个亚洲时期（与日本缔约反对俄国）；（4）“欧洲”时期，主要是反对德国①。早在1905年，银行“活动家”里塞尔就说过：“政治前哨战是在金融的基础上开展起来的。”他指出，法国金融资本在意大利进行活动，为法意两国的政治联盟作了准备；德英两国为了争夺波斯以及所有欧洲国家的资本为了贷款给中国而展开了斗争，等等。这就是“超帝国主义的”和平联盟同普通帝国主义的冲突有不可分割的联系的活生生的现实。

考茨基掩盖帝国主义的最深刻的矛盾，就必然会美化帝国主义，这在他对帝国主义政治特性的批评中也表现出来了。帝国主义是金融资本和垄断组织的时代，金融资本和垄断组织到处都带有统治的趋向而不是自由的趋向。这种趋势的结果，就是在一切政治制度下都发生全面的反动，这方面的矛盾也极端尖锐化。民族压迫、兼并的趋向即破坏民族独立的趋向（因为兼并正是破坏民族自决）也变本加厉了。希法亭很正确地指出了帝国主义和民族压迫加剧之间的联系，他写道：“在新开辟的地区，输入的资本加深了各种矛盾，引起那些有了民族自觉的人民对外来者的愈来愈强烈的反抗；这种反抗很容易发展成为反对外国资本的危险行动。旧的社会关系发生了根本的变革，各‘史外民族’千年来的农村闭塞状态日益被破坏，他们正被卷到资本主义的漩涡中去。资本主义本身在逐渐地为被征服者提供解放的手段和方法。于是他们也就提出了欧洲民族曾经认为是至高无上的目标：建立统一的民族国家，作为争取经济自由和文化自由的手段。这种独立运动，使欧洲资本在它那些

① 施尔德尔的上述著作第178页。

最有价值的、最有光辉前途的经营地区受到威胁；因此，欧洲资本只有不断地增加自己的兵力，才能维持自己的统治。”①

对此还要补充的是，帝国主义不仅在新开辟的地区，而且在原有地区也实行兼并，加紧民族压迫，因而也使反抗加剧起来。考茨基表示反对帝国主义加强政治上的反动，然而他不去说明在帝国主义时代决不能同机会主义者统一这个变得十分迫切的问题。他表示反对兼并，然而采取的却是毫不触犯机会主义者、最容易为机会主义者接受的方式。他是直接对德国听众说话的，然而他恰恰把最重要、最有现实意义的事实，例如德国兼并阿尔萨斯—洛林的事实掩盖起来。为了评价考茨基的这种“思想倾向”，我们来举一个例子。假定日本人指责美国人兼并菲律宾，试问会不会有很多人相信这是因为他根本反对兼并，而不是因为他自己想要兼并菲律宾呢？是不是应当承认，只有日本人起来反对日本兼并朝鲜，要求朝鲜有从日本分离的自由，才能认为这种反对兼并的“斗争”是真挚的，政治上是诚实的呢？

考茨基对帝国主义的理论分析，以及他在经济上和政治上对帝国主义的批评，都**始终**贯穿着一种同马克思主义绝不相容的、掩饰和缓和最根本矛盾的精神，一种尽力把欧洲工人运动中同机会主义的正在破裂的统一保持下去的意图。

1917 年年中在彼得格勒由生活和知识出版社印成单行本；法文版和德文版序言载于 1921 年《共产国际》杂志第 18 期

选自《列宁全集》中文第 2 版增订版第 27 卷第 430—434 页

① 《金融资本》第 487 页。

论尤尼乌斯的小册子(节选)

(1916年7月)

只有诡辩家才会以一种战争**可能**转化为另一种战争为理由，抹杀帝国主义战争和民族战争之间的差别。辩证法曾不止一次地被用做通向诡辩法的桥梁，在希腊哲学史上就有过这种情况。但是，我们始终是辩证论者，我们同诡辩论作斗争的办法，不是根本否认任何转化的可能性，而是在**某一事物**的环境和发展中对它进行具体分析。

至于说1914—1916年的这场帝国主义战争会转化为民族战争，这种可能性极小，因为代表**向前**发展的阶级是无产阶级，它在客观上力图把这场帝国主义战争转化为反对资产阶级的国内战争，其次还因为两个联盟的力量相差并不很大，而且国际金融资本到处造成了反动的资产阶级。但是，也不能宣布说这种转化是**不可能的**。**假如欧洲**无产阶级今后20来年还是软弱无力，**假如**目前这场战争的**结局**是拿破仑那样的人获得胜利，而许多有生命力的民族国家遭到奴役，**假如**欧洲以外的帝国主义（首先是日本和美国帝国主义）也能维持20来年，比如说没有由于发生日美战争而转到社会主义，那就可能在欧洲发生伟大的民族战争。这将是欧洲**倒退**几十年。这种可能性不大。但这并**不是**不可能的，因为设想世界历史会一帆风顺、按部就班地向前发展,不会有时出现大幅度的跃退,那是不辩证的,不科学的,在理论上是不正确的。

其次,在帝国主义时代,殖民地和半殖民地方面进行的民族战争不仅很有可能,而且是**不可避免的**。在殖民地和半殖民地(中国、土耳其、波斯),有将近 10 亿人口,即世界人口**一半以上**。那里的民族解放运动或者已经很强大,或者正在发展和成熟。任何战争都是政治通过另一种手段的继续。殖民地**反对**帝国主义的民族战争**必然**是它们的民族解放政治的继续。这种战争**可能**导致现在的帝国主义"大"国之间的帝国主义战争,但是也可能不导致,这要取决于许多情况。

例如,英法两国为了争夺殖民地打过七年战争[42],也就是说,进行过帝国主义战争(这种战争无论在奴隶制的基础上和原始资本主义的基础上,还是在现代高度发达的资本主义的基础上都可能发生)。法国被打败,并且丧失了自己的一部分殖民地。几年以后,又发生了北美合众国反对英国一国的民族解放战争[43]。法国和西班牙当时自己仍占据着今天美国的某些部分,但出于对英国的仇恨,也就是说,为了自己的帝国主义利益,却同举行起义反对英国的合众国缔结了友好条约。法军同美军一起打英国人。我们看到这是一场民族解放战争,在这场战争中,帝国主义竞争是一个没有多大意义的附带因素,这同我们在 1914—1916 年战争中所看到的情况恰恰相反(在奥塞战争中,民族因素同决定一切的帝国主义竞赛相比,没有多大的意义)。由此可见,死板地运用帝国主义这个概念,并且由此得出"不可能"发生民族战争的结论,那是多么荒谬。比如波斯、印度和中国联合起来进行反对某些帝国主义大国的民族解放战争,是完全可能的而且可能性很大,因为它是从这些国家的民族解放运动中产生的，至于这种战争是否转化为目前帝国主义大国之间的帝国主义战争，这要取决于很多具体情况，担保这些情况一定会出现，那是很可笑的。

第三，即使在欧洲也不能认为民族战争在帝国主义时代不可能发生。“帝国主义时代”使目前这场战争成了帝国主义战争，它必然引起（在社会主义到来以前）新的帝国主义战争，它使目前各大国的政策成了彻头彻尾的帝国主义政策，但是，这个“时代”丝毫不排斥民族战争，例如，小国（假定是被兼并的或受民族压迫的国家）**反对**帝国主义大国的民族战争，它也不排斥东欧大规模的民族运动。例如，尤尼乌斯对奥地利的判断是很有见地的，他不仅估计到“经济”因素，而且估计到特殊的政治因素，指出“奥地利没有内在的生命力”，认为“哈布斯堡王朝并不是资产阶级国家的政治组织，而只是由几个社会寄生虫集团组成的松散的辛迪加”，“奥匈帝国的灭亡在历史上不过是土耳其崩溃的继续，同时也是历史发展过程的要求”。至于某些巴尔干国家和俄国，情况也并不好些。如果各“大”国在这场战争中都弄得筋疲力竭，或者如果革命在俄国取得胜利，则完全可能发生民族战争，甚至胜利的民族战争。帝国主义大国的干涉实际上并**不是**在一切条件下都能实现的，这是一方面。而另一方面，如果有人“轻率地”说：小国反对大国的战争是没有希望的，那就必须指出：没有希望的战争也是战争；其次，“大国”内部的某些现象——如发生革命——可以使“没有希望的”战争成为很“有希望的”战争。

我们所以详细地分析所谓“再也不可能有民族战争”这个不正确的论点，不仅是因为它在理论上显然是错误的。第三国际只有在非庸俗化的马克思主义基础上才能建立起来，因此，“左派”

如果对马克思主义理论漠不关心，那当然是极其可悲的。而且这个错误在政治实践中也是极其有害的：人们会从这一错误出发去进行“废除武装”的荒谬宣传，因为似乎除了反动的战争以外再也不可能有任何战争；人们从这一错误出发会对民族运动持更荒谬的和简直是反动的漠视态度。当欧洲的“大”民族——压迫许多小民族和殖民地民族的民族——的成员，以貌似学者的姿态声称“再也不可能有民族战争”的时候，这种漠视态度就是沙文主义！**反对**帝国主义大国的民族战争不仅是可能的和可能性很大，而且是不可避免的、**进步的**、**革命的**，**诚然**，为了取得**胜利**，或者需要被压迫国家众多居民（我们举例提到的印度和中国就有几亿人口）的共同努力，或者需要国际形势中某些情况**特别**有利的配合（例如，帝国主义大国由于大伤元气、由于彼此打仗和对抗而无力进行干涉，如此等等），或者需要某一大国的无产阶级**同时**举行起义反对资产阶级（我们列举的情况中的最后一种对于无产阶级的胜利是最理想和最有利的）。

不过必须指出，如果责难尤尼乌斯对民族运动漠不关心，那是不公正的。他至少已经指出，社会民主党党团的罪过之一，就是对喀麦隆一个土著领袖因“叛变”（显然是因为他在战争爆发时企图举行起义）而被处死刑一事默不作声，他在另一个地方还专门（向列金先生、伦施先生以及诸如此类的仍把自己算做“社会民主党人”的坏蛋们）强调指出，殖民地民族也是民族。他极其肯定地说：“社会主义承认每个民族都有独立和自由的权利，都有独立掌握自己命运的权利”；“国际社会主义承认自由、独立、平等的民族的权利，但是，只有它才能建立这样的民族，只有它才能实现民族自决权。而这个社会主义的口号〈作者说得很正确〉也和其他一切口号一样，不是为现存的事物辩护，而是指出道路，促使实行革命的、改造的、积极的无产阶级政策”（第 77 页和第 78 页）。因此，谁要是认为一切左派德国社会民主党人都像某些荷兰和波兰的社会民主党人那样，囿于狭小的眼界和面目全非的马克思主义，连社会主义下的民族自决也加以否认，那就大错特错了。荷兰人和波兰人犯**这个**错误的**特殊的**根源，我们在别处还要谈到。

尤尼乌斯的另一个错误论断，同保卫祖国问题有关。这是帝国主义战争期间一个重大的政治问题。尤尼乌斯使我们更加深信，我们党对这个问题的提法是唯一正确的：在这场帝国主义战争中，无产阶级反对保卫祖国，是**因为**这场战争具有掠夺、奴役和反动的性质，是**因为**有可能和有必要用争取社会主义的国内战争来对抗帝国主义战争（并竭力变帝国主义战争为国内战争）。尤尼乌斯一方面很好地揭露了目前这场战争的帝国主义性质，指出它不同于民族战争；可是另一方面，又犯了非常奇怪的错误，企图牵强附会地把民族纲领同**目前这场非**民族的战争扯在一起！这听起来几乎令人难以置信，但却是事实。

资产阶级拼命叫喊外国“入侵”，以便欺骗人民群众，掩盖战争的帝国主义性质，而带有列金和考茨基色彩的官方社会民主党人为了讨好资产阶级，特别热心地重复着这个“入侵”的论据。考茨基现在向那些天真而轻信的人保证说（包括通过俄国的组委会分子[44]斯佩克塔托尔），他从 1914 年年底就转到反对派方面来了，然而他却继续援引这个“论据”！尤尼乌斯竭力驳斥这个论据，举了一些历史上极有教益的例子，来证明“入侵和阶级斗争在资产阶级历史上，并不像官方的神话所说的那样，是互相矛盾的，而是两者互为手段和表现的”。例子是：法国波旁王朝曾请求外国入侵以反对雅各宾党人，1871 年，资产者曾请求外国人侵以反对巴黎公社。马克思在《法兰西内战》中写道：

“旧社会还能创造的最高英雄伟绩不过是民族战争，而这种战争如今被证明不过是政府用来骗人的东西，意在延缓阶级斗争，一旦阶级斗争爆发成内战，这种骗人的东西也就会立刻被抛在一边。”①

尤尼乌斯在引证 1793 年的例子时写道：“法国大革命是一切时代的典型例子。”他由此得出结论说：“因此，历来的经验证明，不是戒严状态，而是唤起人民群众的自尊心、英雄气概和道德力量的忘我的阶级斗争，才是保卫国家、抵御外敌的最好办法。”

尤尼乌斯的实际结论是：

“是的，社会民主党人有责任在严重的历史危机时保卫自己的国家。而社会民主党国会党团的重大罪过，也正在于它在 1914 年 8 月 4 日的宣言里庄严地宣布：‘我们决不会在危急时刻不起来保卫我们的祖国’，同时却又自食其言。它在最危急的时刻**没有起来**保卫祖国。因为在这个时刻它对祖国的首要义务是：向祖国指出这场帝国主义战争的真实内幕，揭穿掩盖这种危害祖国行为的爱国主义的和外交的种种谎言；大声地明确地声明，对德国人民来说，这场战争无论胜负都是灾难；竭力反对用实行戒严来扼杀祖国；宣布必须立即武装人民，让人民来决定战争与和平的问题；坚决要求在整个战争期间不断（连续）召开人民代表会议，以保证人民代表机关对政府、人民对人民代表机关的严格监督；要求立刻废除对一切政治权利的限制，因为只有自由的人民才能胜利地保卫自己的国家；最后，要用爱国主义者和民主主义者 1848 年的原来的真正民族的纲领，用马克思、恩格斯和拉萨尔的纲领，即统一的大德意志共和国的口号，来对抗帝国主义的战争纲领——旨在保存奥地利和土耳其，也就是保存欧洲和德国反动势力的纲领。这就是应当在全国面前展开的旗帜，它才是真正民族的、真正解放的旗帜，而且既符合德国的优良传统，也符合无产阶级的国际阶级政策”…… “可见，所谓祖国利益和无产阶级的国际团结难以兼得，是悲剧性的冲突促使我们的国会议员怀着‘沉重心情’站到了帝国主义战争的方面，这纯粹是一种想象，是一种资产阶级民

① 见《马克思恩格斯文集》第 3 卷第 179 页。——编者注

族主义的虚构。相反地,无论在战争时期或和平时期,国家利益和无产阶级国际的阶级利益都是完全协调的,因为无论战争或和平都要求极其有力地展开阶级斗争,极其坚决地维护社会民主党的纲领。”

尤尼乌斯的论断就是如此。这些论断显然是错误的,我国沙皇制度的公开的和隐蔽的奴仆普列汉诺夫和契恒凯里先生,也许甚至还有马尔托夫和齐赫泽先生,都会幸灾乐祸地抓住尤尼乌斯的话,不去考虑理论上的真理,而是考虑如何脱身、灭迹、蒙蔽工人,因此,我们必须比较详细地来说明尤尼乌斯的错误的**理论**根源。

他建议用民族纲领来“对抗”帝国主义战争。他建议先进阶级要面向过去,而不要面向未来! 1793 年和 1848 年,无论在法国、德国或整个欧洲,**客观上**提上日程的都是**资产阶级**民主革命。同这种**客观的**历史情况相适应的,是“真正民族的”纲领,即当时民主派的民族的**资产阶级**纲领,在 1793 年,资产阶级和平民中最革命的分子曾经实行过这种纲领;而在 1848 年,马克思也代表整个先进的民主派宣布过这种纲领。当时**在客观上**同封建王朝战争相对抗的是革命民主战争、民族解放战争。那个时代的历史任务的内容就是这样的。

现在,对欧洲各先进的大国来说,**客观**情况不同了。要向前发展——如果撇开可能的、暂时的后退不说——只能走向**社会主义**社会,走向**社会主义革命**。从向前发展的观点看来,从先进阶级的观点看来,**客观上**能够对抗帝国主义资产阶级战争、高度发达的资本主义的战争的,只有**反对**资产阶级的战争,也就是说,首先是无产阶级和资产阶级争夺政权的国内战争,因为**没有**这种战争,就**不能**真正前进,其次是在一定的特殊条件下可能发生的保卫社会主义国家、反对资产阶级国家的战争。所以说,有些布尔什维克(好在只是个别的,并且立即被我们抛到号召派[45]那边去了)准备采取有条件地保卫祖国的观点,即在俄国革命胜利和共和制胜利的条件下保卫祖国的观点,他们虽然忠于布尔什维主义的**词句**,却背叛了它的**精神**;因为卷入欧洲各先进大国的帝国主义战争的俄国,即使有共和制的形式,它进行的也**还是**帝国主义战争!

尤尼乌斯说阶级斗争是对付入侵的最好手段,这只是运用了马克思辩证法的一半,他在正确的道路上迈出一步之后,马上又偏离了这条道路。马克思的辩证法要求对每一特殊的历史情况进行具体的分析。说阶级斗争是对付入侵的最好手段,这**无论**对推翻封建制度的资产阶级**或**对推翻资产阶级的无产阶级来说,都是正确的。正因为这对**任何**阶级压迫来说都是正确的,所以这**太一般化**,因而用在目前这种**特殊的**场合就**不够**了。反对资产阶级的国内战争**也是**一种阶级斗争,只有这种阶级斗争才会使欧洲(整个欧洲,而不是一个国家)避免入侵的危险。要是在1914—1916年间存在"大德意志共和国"的话,那它还会进行**同样的**帝国主义战争。

尤尼乌斯几乎得出了正确的答案和正确的口号:要进行争取社会主义、反对资产阶级的国内战争,但他似乎害怕彻底说出全部真理,而**向后**转了,陷入了在1914、1915、1916年间进行"民族战争"的幻想。如果不从理论方面,而纯粹从实践方面来看问题,那么尤尼乌斯的错误也是很明显的。德国的整个资产阶级社会、包括农民在内的各个阶级,都是**拥护**战争的(在俄国大概**也是**这样,至少是大多数富裕农民和中等农民以及很大一部分贫苦农民,显然都被资产阶级帝国主义所迷惑)。资产阶级武装到了牙齿。在这种情况下，"宣布"成立共和国、建立常设国会、由人民选举军官（"武装人民"）等等的纲领，**实际上**就是"**宣布**"（具有**不正确的**革命纲领的！）**革命**。

尤尼乌斯在这里说得完全对：革命是不能"制造"的。革命在1914—1916年间提上了日程，革命潜伏在战争中，并从战争中**发展起来**。应当以革命阶级的名义"**宣布**"这一点，大胆地彻底地指出**它的**纲领：争取实现社会主义，而在战争时代，没有反对反动透顶的、罪恶的、使人民遭受无法形容的灾难的资产阶级的国内战争，这是不可能的。应当周密考虑出系统的、彻底的、实际的、**不论**革命危机**以何种**速度发展都是**绝对可行的**、适合于日益成熟的革命的行动。我们党的决议中已经指出这些行动：（1）投票反对军事拨款；（2）打破"国内和平"；（3）建立秘密组织；（4）举行士兵联欢；（5）支持群众的一切革命行动。① **所有**这些步骤的顺利实现，**必然**会导致国内战争。

宣布伟大的历史性的纲领，毫无疑问，有巨大的意义，但不是宣布旧的、对1914—1916年来说已过了时的德国民族纲领、而是要宣布无产阶级国际主义和社会主义的纲领。你们资产者为了掠夺而打仗；我们**一切**交战国工人向你们宣战，为社会主义而战，——这就是没有像列金、大卫、考茨基、普列汉诺夫、盖得、桑巴之流那样背叛了无产阶级的社会党人在1914年8月4日的国会演说中应当讲的内容。

看来，尤尼乌斯的错误可能是由双重错误的想法造成的。毫无疑问，尤尼乌斯是坚决反对帝国主义战争和坚决**拥护**革命策略

① 参看《列宁全集》中文第2版增订版第26卷第166页。——编者注

的，不管普列汉诺夫先生们对尤尼乌斯的“护国主义”怎样幸灾乐祸，都抹杀不了这个**事实**。对于这种可能的和很有可能的诽谤，必须立即直截了当地给以回击。

载于1916年10月《〈社会民主党人报〉文集》第1辑

选自《列宁全集》中文第2版增订版第28卷第5—14页

关于 1905 年革命的报告[46]（节选）

（1917 年 1 月 9 日〔22 日〕）

关于俄国革命的世界意义，我还想作几点简单的说明。

俄国在地理上、经济上和历史上不仅属于欧洲，而且还属于亚洲。因此我们看到，俄国革命不仅彻底地把欧洲最大最落后的国家从睡梦中唤醒过来，造就了由革命无产阶级领导的革命的人民。

不仅如此。俄国革命使整个亚洲动起来了。土耳其、波斯、中国的革命证明，1905 年的强大起义留下了深刻的痕迹，它在**数以亿万计的**人们的前进运动中发生的影响是非常深远的。

俄国革命也间接地影响了西方各国。不应忘记，当关于沙皇的立宪诏书的电报于 1905 年 10 月 30 日到达维也纳的时候，这个消息对普选权在奥地利的最终胜利起了决定性的作用。

……

经常可以听到西欧人这样评价俄国革命：似乎这个落后国家中的事变、过程和斗争方法很难同西欧的条件相比较，因此未必会有什么实际意义。

没有比这种看法更错误的了。

毫无疑问，在未来的欧洲革命中，未来的斗争形式和导火线，在很多方面都会与俄国革命中的不同。

但是,尽管这样,俄国革命——正因为具有我说过的那种特殊意义的无产阶级性质——仍然是未来欧洲革命的**序幕**。毫无疑问,未来的这次革命,也只能是无产阶级革命,并且是在更深刻得多的意义上,即按其内容来说也只能是无产阶级的、社会主义的革命!未来的这次革命将在更大得多的范围内表明:一方面,只有严酷的斗争,即国内战争,才能把人类从资本压迫下解放出来;另一方面,只有具有阶级觉悟的无产者才能成为而且一定会成为绝大多数被剥削者的领袖。

载于 1925 年 1 月 22 日《真理报》第 18 号

选自《列宁全集》中文第 2 版增订版第 28 卷第 331—332 页

俄国社会民主工党（布）彼得格勒市代表会议文献[47]（节选）

（1917年4月）

9

关于战争的决议草案[48]

（不晚于4月14日〔27日〕）

一

目前的战争，从两个交战国集团来说，都是帝国主义战争，就是说，是资本家为了争夺世界霸权、为了分赃、为了金融资本即银行资本获得有利的市场、为了扼杀弱小民族而进行的战争。

俄国的国家政权从尼古拉二世转到古契柯夫、李沃夫等人的政府手中，转到地主和资本家的政府手中，从俄国方面来说战争的这种阶级性质和意义并没有改变而且也不可能改变。

事实非常明显，新政府进行的仍然是帝国主义战争，即侵略性的强盗战争，这表现在它不仅没有公布前沙皇尼古拉二世同英法等国资本家政府签订的秘密条约，而且正式承认了这些条约。新政府这样做，并没有征询人民的意见，显然是有意欺骗人民，因为大家知道，前沙皇签订的这些秘密条约是彻头彻尾的强盗条约，它们允许俄国资本家掠夺中国、波斯、土耳其、奥地利等等。

因此，无产阶级政党如果不彻底背弃国际主义，就是说，不彻底破坏世界各国工人在反对资本压迫的斗争中形成的兄弟团结，就决不能支持目前的战争、目前的政府和它发行的公债，不管这些公债的名称多么响亮。

现政府答应放弃兼并，即不再侵占别国或强迫任何民族留在俄国疆界以内，这也是完全不可信的。因为第一，同俄、英、法银行资本有千丝万缕联系并维护其利益的资本家，只要他们还是资本家，还没有放弃投入公债、租让企业和军工企业等等的数十亿资本的利润，他们就不会在这次战争中放弃兼并。第二，新政府为了欺骗人民而表示放弃兼并之后，却又于1917年4月9日通过米留可夫之口在莫斯科声明，它不会放弃兼并。第三，有克伦斯基部长参加的《人民事业报》揭露说，米留可夫甚至没有把他的放弃兼并的声明发往国外。

因此，为了提醒人民不要相信资本家的空洞诺言，代表会议声明必须严格区别口头上的放弃兼并和真正的放弃兼并，真正的放弃兼并，也就是立即公布一切掠夺性的秘密条约和对外政策方面的一切文件，立即使遭受资本家阶级（他们还在继续执行使我国人民蒙受耻辱的前沙皇尼古拉二世的政策）压迫的、被强行并入俄国的、不享有充分权利的各民族获得彻底解放。

载于1927年《列宁全集》俄文第2、3版第20卷

选自《列宁全集》中文第2版增订版第29卷第258—259页

在全俄东部各民族共产党组织第二次代表大会上的报告[49]（节选）

（1919年11月22日）

……最后，请允许我谈谈东部各民族目前的情况。你们是东部各民族共产党组织的代表和共产党的代表。我要指出，如果说俄国布尔什维克能够在旧帝国主义中打开一个缺口，担负起异常艰难但又异常崇高的开辟革命新道路的任务，那么，你们这些东部劳动群众的代表今后要担负的就将是更伟大更新的任务。十分明显，全世界行将爆发的社会主义革命，决不限于每一国无产阶级战胜本国资产阶级。如果各国革命进行得很顺利，很迅速，这也许是可能的。我们知道，帝国主义者是不会让我们这样做的，世界各国都已武装起来对付本国的布尔什维主义，一心在想怎样战胜自己家里的布尔什维主义。因此，每一个国家都酝酿着国内战争，而老社会党人妥协分子是站在资产阶级一边参加这个战争的。由此可见，社会主义革命不会仅仅是或主要是每一个国家的革命无产者反对本国资产阶级的斗争。不会的，这个革命将是受帝国主义压迫的一切殖民地和国家、一切附属国反对国际帝国主义的斗争。在我们党今年3月通过的纲领里面，我们在说明世界社会革命日益接近的时候说，各先进国家的劳动人民反对帝国主义者和剥削者的国内战争正开始同反对国际帝国主义的民族战争结合起来。这一点正由革命进程所证实,并且今后会得到更多的证实。东方的情形也会是如此。

我们知道,东方的人民群众将作为独立的斗争参加者和新生活的创造者起来奋斗,因为东方亿万人民都是一些不独立的、没有充分权利的民族,至今仍是帝国主义国际政治的客体,它们的存在只是为了给资本主义文化和文明当肥料。我们非常了解,所谓分配殖民地的统治权,就是分配掠夺和抢劫权,就是分配地球上一小撮人对大多数人的剥削权。地球上的大多数人过去完全处于历史的进步之外,因为当时他们不能成为独立的革命力量,但是在 20 世纪初,他们已不再扮演这种消极的角色了。我们知道,1905 年以后,土耳其、波斯、中国相继发生了革命,印度也展开了革命运动。帝国主义战争也促进了革命运动的发展,因为由殖民地人民组成的整团整团的军队被卷入了欧洲帝国主义者之间的斗争。帝国主义战争也唤醒了东方,把东方各族人民卷入了国际政治生活。英国和法国武装了殖民地人民,帮助他们熟悉了军事技术装备和革新的机械。他们将利用学到的本事去反对帝国主义老爷们。继东方觉醒时期之后,在当代革命中,东方各民族为了不再仅仅充当别人发财的对象而参与决定世界命运的时期到来了。东方各民族正在纷纷觉醒,采取实际行动,使每一个民族都参与决定全人类命运的问题。

所以我认为,今后在世界革命发展史中(从这个革命开始时的情况看来,它还要继续很多年,需要人们做很多工作),在革命斗争中,在革命运动中,你们将要发挥重大的作用,将要把你们的斗争和我们反对国际帝国主义的斗争汇合起来。你们参加国际革命，就要担负起一个艰巨复杂的任务，解决了这个任务就会为总的胜利打下基础，因为在这里，人口中的多数是第一次进行独立的运动，他们将成为推翻国际帝国主义的斗争的积极因素。

东方大多数民族的处境比欧洲最落后的国家俄国还要坏。我们已经在反对封建主义残余和反对资本主义的斗争中把俄国农民和工人联合起来了，我们的斗争所以进行得很顺利，正是因为工人和农民是联合起来反对资本和封建主义的。在这方面，同东部各族人民的联系特别重要，因为东部人民大多数是典型的劳动群众，他们不是受过资本主义工厂锻炼的工人，而是典型的被剥削劳动农民群众，即遭受中世纪制度压迫的劳动农民群众。俄国革命已经表明，战胜了资本主义的无产阶级把千百万涣散的劳动农民群众团结起来以后，就胜利地进行了反对中世纪制度压迫的斗争。现在，我们苏维埃共和国要把觉醒的东部各族人民团结在自己周围，共同去进行反对国际帝国主义的斗争。

你们面临着全世界共产党人所没有遇到过的一个任务，就是你们必须以共产主义的一般理论和实践为依据，适应欧洲各国所没有的特殊条件，善于把这种理论和实践运用于主要群众是农民、需要解决的斗争任务不是反对资本而是反对中世纪残余这样的条件。这是一个困难而特殊的任务，但又是一个能收到卓著成效的任务，因为一些还没有参加过斗争的群众正被卷到斗争中来，另一方面，由于东部组织了共产党支部，你们就能够同第三国际保持最紧密的联系。你们必须找到特殊的形式，把全世界先进无产者同东部那些往往处在中世纪生活条件下的被剥削劳动群众联合起来。我们在小范围内即在我们国家内实现了的任务，你们将在大范围内即在一些大的国家内予以实现。这第二个任务，我希望你们能够胜利完成。由于东部已经有了共产党组织——你们就是这些组织的代表——你们就与先进的革命无产阶级有了联系。你们当前的任务,就是要继续关心怎样在每一个国家内用人民懂得的语言进行共产主义宣传。

不言而喻,能够获得最终胜利的,只有全世界先进国家的无产阶级。我们俄国人开创的事业,将由英国、法国或德国的无产阶级来巩固;但是我们看到,没有各被压迫殖民地民族的劳动群众的援助,首先是东方各民族的劳动群众的援助,他们是不能取得胜利的。我们应当懂得,单靠一支先锋队还不能实现向共产主义的过渡。必须激发劳动群众从事独立活动和把自己组织起来的革命积极性(不管他们的水平如何);把指导较先进国家的共产党人的真正的共产主义学说译成各民族的文字;实现那些必须立刻实现的实际任务,同其他国家的无产者联合起来共同斗争。

任务就是这些,它们的解决方法无论在哪一部共产主义书本里都是找不到的,但是在俄国所开始的共同斗争中却能够找到。你们应当提出这种任务,并根据自己的经验来解决这种任务。对你们会有帮助的,一方面是同其他国家的全体劳动人民的先锋队结成紧密的联盟,另一方面是善于正确对待你们在这里所代表的东部各民族。你们不得不立足于正在这些民族中间产生出来并且必然要产生出来的资产阶级民族主义。这种民族主义的产生是有其历史根据的。同时你们应当去联系每一个国家的被剥削劳动群众,用他们懂得的语言告诉他们,获得解放的唯一希望是国际革命的胜利,国际无产阶级是东方各民族亿万被剥削劳动群众的唯一同盟者。

这就是摆在你们面前的极其巨大的任务。由于革命时代的来临和革命运动的发展(这是不容置疑的),东部各共产党组织只要能共同努力,就一定会成功地解决这个任务,并彻底战胜国际帝国主义。

载于1919年12月20日《俄共(布)中央通报》第9期

选自《列宁全集》中文第2版增订版第37卷第326—330页

为共产国际第二次代表大会准备的文件（节选）

（1920年6—7月）

1

民族和殖民地问题提纲初稿[50]

（为共产国际第二次代表大会草拟）

（6月5日）

我为共产国际第二次代表大会准备了一个关于殖民地和民族问题的提纲草案，请同志们讨论，并请全体同志，特别是具体了解这些极为复杂的问题中的这个或那个问题的同志，**以最简短**（**至多两三页**）**的方式**提出自己的意见、修正、补充或具体说明，尤其是关于以下各点：

奥地利经验。

波兰犹太人的经验和乌克兰的经验。

阿尔萨斯—洛林和比利时。

爱尔兰。

丹麦和德国的关系。意大利和法国的关系以及意大利和斯拉夫的关系。

巴尔干的经验。

1924年12月20日《新青年》季刊第4期所载的
列宁《民族和殖民地问题提纲初稿》和
《民族和殖民地问题委员会的报告》的中译文

东方各民族。

同泛伊斯兰主义的斗争。

高加索的关系。

巴什基尔共和国和鞑靼共和国。

吉尔吉斯斯坦。

土耳其斯坦及其经验。

美国的黑人。

各殖民地。

中国——朝鲜——日本。

尼·列宁

1920年6月5日

1. 资产阶级民主由它的本性所决定的一个特点就是抽象地或从形式上提出平等问题,包括民族平等问题。资产阶级民主在个人平等的名义下,宣布有产者和无产者、剥削者和被剥削者的形式上或法律上的平等,用这种弥天大谎来欺骗被压迫阶级。平等思想本身就是商品生产关系的反映,资产阶级借口个人绝对平等,把这种思想变为反对消灭阶级的斗争工具。要求平等的实际含义只能是要求消灭阶级。

2. 共产党是无产阶级争取推翻资产阶级压迫的斗争的自觉代表,它的基本任务是反对资产阶级民主,揭露资产阶级民主的欺骗和虚伪,因而在民族问题上也不应当把提出抽象的和形式上的原则当做主要之点,主要之点应当是:第一,准确地估计具体的历史情况,首先是经济情况;第二,把被压迫阶级、被剥削劳动者的利益,同笼统说的民族利益这样一种意味着统治阶级利益的一般概念，明确地区分开来；第三，把被压迫的、附属的、没有平等权利的民族，同压迫的、剥削的、享有充分权利的民族也明确地加以区分。这同资产阶级民主的谎言是截然相反的，这种谎言掩盖金融资本和帝国主义的时代所特有的现象，即为数无几的最富裕的先进资本主义国家对世界大多数人实行殖民奴役和金融奴役。

3. 1914—1918 年的帝国主义战争，在一切民族和全世界被压迫阶级面前，特别清楚地揭示了资产阶级民主词句的欺骗性，用事实表明，所谓“西方民主国家”的凡尔赛条约[51]是比德国容克[30]和德皇的布列斯特-里托夫斯克条约[52]更加野蛮、更加卑劣地强加于弱国的暴力。国际联盟和战后协约国的全部政策更清楚更突出地揭示了这一真相，它们到处加剧了先进国家的无产阶级和殖民地、附属国的一切劳动群众的革命斗争，使所谓在资本主义制度下各民族能够和平共居和一律平等的市侩的民族主义幻想更快地破灭。

4. 从上述的基本原理中就得出以下的结论：共产国际在民族和殖民地问题上的全部政策，主要应该是使各民族和各国的无产者和劳动群众为共同进行革命斗争、打倒地主和资产阶级而彼此接近起来。这是因为只有这种接近，才能保证战胜资本主义，如果没有这一胜利，便不能消灭民族压迫和不平等的现象。

5. 目前的世界政治形势把无产阶级专政提上了日程，世界政治中的一切事变都必然围绕着一个中心点，就是围绕世界资产阶级反对俄罗斯苏维埃共和国的斗争。而俄罗斯苏维埃共和国必然是一方面团结各国先进工人的苏维埃运动，另一方面团结殖民地和被压迫民族的一切民族解放运动。这些民族根据自己的痛苦经验深信，只有苏维埃政权战胜世界帝国主义，他们才能得救。

6. 因此，目前不能局限于空口承认或空口提倡各民族劳动者互相接近，必须实行使一切民族解放运动和一切殖民地解放运动同苏维埃俄国结成最密切的联盟的政策，并且根据各国无产阶级中共产主义运动发展的程度，或根据落后国家或落后民族中工人和农民的资产阶级民主解放运动发展的程度，来确定这个联盟的形式。

7. 联邦制是各民族劳动者走向完全统一的过渡形式。无论在俄罗斯联邦同其他苏维埃共和国（过去的匈牙利苏维埃共和国[53]、芬兰苏维埃共和国[54]、拉脱维亚苏维埃共和国[55]，现在的阿塞拜疆苏维埃共和国、乌克兰苏维埃共和国）的关系中，或在俄罗斯联邦内部同从前既没有成立国家又没有实行自治的各民族（例如，在俄罗斯联邦内，1919 年建立的巴什基尔自治共和国、1920 年建立的鞑靼自治共和国）的关系中，联邦制已经在实践上显示出它是适当的。

8. 共产国际在这方面的任务，是进一步地发展、研究以及通过实际来检验在苏维埃制度和苏维埃运动基础上所产生的这些新的联邦国家。既然承认联邦制是走向完全统一的过渡形式，那就必须力求建立愈来愈密切的联邦制联盟，第一，因为没有各苏维埃共和国最密切的联盟，便不能捍卫被军事方面无比强大的世界帝国主义列强所包围的各苏维埃共和国的生存；第二，因为各苏维埃共和国之间必须有一个密切的经济联盟，否则便不能恢复被帝国主义所破坏了的生产力，便不能保证劳动者的福利；第三，因为估计到建立统一的、由各国无产阶级按总计划调整的完整的世界经济的趋势，这种趋势在资本主义制度下已经十分明显地表现出来，在社会主义制度下必然会继续发展而臻于完善。

9. 在国家内部关系方面,共产国际的民族政策决不能只限于空洞地、形式地、纯粹宣言式地、实际上却不负任何责任地承认民族平等,就像资产阶级民主派所做的那样。这些人不管是坦率地承认自己是资产阶级民主派,或者是像第二国际的社会党人那样,借社会党人的称号来掩饰自己,都是一样的。

不仅在各国共产党的全部宣传鼓动工作(议会讲坛上和议会讲坛外的宣传鼓动)中,应当不断地揭露各资本主义国家违背本国的“民主”宪法,经常破坏民族平等,破坏保障少数民族权利的种种事实,而且还必须做到:第一,经常解释,只有在反资产阶级的斗争中首先把无产者、然后把全体劳动者联合起来的苏维埃制度,才能实际上给各民族以平等;第二,各国共产党必须直接帮助附属的或没有平等权利的民族(例如爱尔兰,美国的黑人等)和殖民地的革命运动。

没有后面这个特别重要的条件,反对压迫附属民族和殖民地的斗争以及承认他们有国家分离权就仍然是一块假招牌,正像我们在第二国际各党那里看到的一样。

10. 口头上承认国际主义,而事实上在全部宣传、鼓动和实际工作中却用市侩民族主义与和平主义偷换国际主义,这不仅在第二国际各党中是最常见的现象,而且在那些已经退出这个国际的政党中,甚至在目前往往自称为共产党的政党中也是最常见的现象。把无产阶级专政由一国的(即存在于一个国家的,不能决定全世界政治的)专政转变为国际的专政(即至少是几个先进国家的,对全世界政治能够起决定影响的无产阶级专政)的任务愈迫切,同最顽固的小资产阶级民族主义偏见这种祸害的斗争就愈会提到首要地位。小资产阶级民族主义宣称,只要承认民族平等就是国际主义，同时却把民族利己主义当做不可侵犯的东西保留下来（更不用说这种承认纯粹是口头上的），而无产阶级的国际主义，第一，要求一个国家的无产阶级斗争的利益服从全世界范围的无产阶级斗争的利益；第二，要求正在战胜资产阶级的民族，有能力有决心为推翻国际资本而承担最大的民族牺牲。

因此，在已经完全是资本主义的、拥有真正是无产阶级先锋队的工人政党的国家中，首要的任务就是同歪曲国际主义的概念和政策的机会主义和市侩和平主义作斗争。

11. 对于封建关系或宗法关系、宗法农民关系占优势的比较落后的国家和民族，要特别注意以下各点：

第一，各国共产党必须帮助这些国家的资产阶级民主解放运动；把落后国家沦为殖民地或在财政上加以控制的那个国家的工人，首先有义务给予最积极的帮助；

第二，必须同落后国家内具有影响的僧侣及其他反动分子和中世纪制度的代表者作斗争；

第三，必须同那些企图利用反欧美帝国主义的解放运动来巩固可汗、地主、毛拉等地位的泛伊斯兰主义和其他类似的思潮作斗争；①

第四，必须特别援助落后国家中反对地主、反对大土地占有制、反对各种封建主义现象或封建主义残余的农民运动，竭力使农民运动具有最大的革命性，使西欧共产主义无产阶级与东方各殖民地以至一切落后国家的农民革命运动结成尽可能密切的联盟；

① 列宁在校样上用大括号将第二点和第三点括在一起并写道："第二点和第三点合并"。——俄文版编者注

尤其必须尽一切努力，用建立“劳动者苏维埃”等方法把苏维埃制度的基本原则应用到资本主义前的关系占统治地位的国家中去；

第五，必须坚决反对把落后国家内的资产阶级民主解放思潮涂上共产主义的色彩；共产国际援助殖民地和落后国家的资产阶级民主民族运动，只能是有条件的，这个条件是各落后国家未来的无产阶级政党（不仅名义上是共产党）的分子已在集结起来，并且通过教育认识到同本国资产阶级民主运动作斗争是自己的特殊任务；共产国际应当同殖民地和落后国家的资产阶级民主派结成临时联盟，但是不要同他们融合，要绝对保持无产阶级运动的独立性，即使这一运动还处在最初的萌芽状态也应如此；

第六，必须向一切国家，特别是落后国家的最广大的劳动群众不断地说明和揭露帝国主义列强一贯进行的欺骗，即打着建立政治上独立的国家的幌子，来建立在经济、财政和军事方面都完全依赖于它们的国家；在目前国际形势下，除了建立苏维埃共和国联盟，附属民族和弱小民族别无生路。

12. 帝国主义列强历来对殖民地和弱小民族的压迫，在被压迫国家劳动群众的心中不仅播下了仇恨，而且播下了对整个压迫民族包括对这些民族的无产阶级的不信任。这些民族的无产阶级的多数正式领袖，在1914—1919年曾经站在社会沙文主义的立场上，借口“保卫祖国”来保卫“本国”资产阶级压榨殖民地和掠夺财政上不独立的国家的“权利”，他们这种背叛社会主义的卑鄙行径不能不加深这种完全合乎情理的不信任心理。另一方面，一个国家愈是落后，这个国家的小农业生产、宗法性和闭塞性就愈加厉害，也就必然使最深的小资产阶级偏见，即民族利己主义和民族狭隘性的偏见表现得特别厉害和顽固。既然这些偏见只有在各先进国家内的帝国主义和资本主义消灭以后，只有在落后国家的经济生活全部基础急剧改变以后才能消逝，那么这些偏见的消逝，就不能不是极其缓慢的。因此，各国有觉悟的共产主义无产阶级对于受压迫最久的国家和民族的民族感情残余必须持特别小心谨慎的态度，同样，为了更快地消除以上所说的不信任心理和各种偏见，必须作出一定的让步。没有世界各国和各民族的无产阶级以至全体劳动群众自愿要求结盟和统一的愿望，战胜资本主义这一事业是不能顺利完成的。

载于 1920 年 7 月 14 日《共产国际》杂志第 11 期

选自《列宁全集》中文第 2 版增订版第 39 卷第 160—169 页

共产国际第二次代表大会文献[56]（节选）

（1920年7—8月）

1
关于国际形势和共产国际基本任务的报告

（7月19日）

……我还要讲一个问题。主席同志曾在会上说，这次代表大会可以称为一次世界性代表大会。我认为，他说得很对，特别是因为有不少殖民地、落后国家革命运动的代表参加了这次大会。这不过是一个小小的开端，但重要的是已经开始了。这次代表大会，已经把资本主义国家、先进国家的革命无产者，同那些没有或者几乎没有无产阶级的国家的革命群众，同东方殖民地国家的被压迫群众团结起来了。而巩固这种团结，则要靠我们的努力，我相信，我们一定会做到这一点。一旦各国被剥削被压迫工人的革命进攻击败了市侩分子的抵抗，肃清了一小撮工人贵族上层分子的影响，同迄今还站在历史之外、只被看做历史客体的亿万人民的革命进攻联合起来，世界帝国主义就一定会灭亡。

帝国主义战争帮助了革命。资产阶级从殖民地、落后国家以及那些最偏僻的地方征兵来参加这场帝国主义战争。英国资产阶级要印度士兵相信，抗击德国、保卫大不列颠是印度农民的义务；法国资产阶级要法属殖民地的黑人士兵相信，保卫法国是他们的义务。英法资产阶级教给了他们使用武器的本领。这是一种非常有用的本领，为此我们要向资产阶级深深致谢，我们要以全体俄国工人和农民的名义，特别要以全体俄国红军的名义向他们致谢。帝国主义战争把附属国的人民卷进了世界历史。所以我们现在最重要的任务之一，就是要考虑如何在各个非资本主义国家内为组织苏维埃运动奠定头一块基石。在这些国家里组织苏维埃是可能的，但这种苏维埃将不是工人苏维埃，而是农民苏维埃，或劳动者苏维埃。

我们还需要做许多工作，还难免会犯错误，而且在这条道路上会碰到许多困难。第二次代表大会的基本任务就是制定或者指出一些实际工作的原则，使得到目前为止在亿万人当中无组织地进行的工作能够有组织地、协调地、有步骤地去做。

现在离共产国际第一次代表大会不过一年多一点，我们就战胜了第二国际。现在苏维埃思想不仅在各文明国家的工人当中已经传播开来，他们不仅已经知道、已经懂得了这种思想。一切国家的工人都在嘲笑那些自作聪明的人，这些人当中有不少人自命为社会党人，以学者或准学者的态度，像好讲体系的德国人那样谈论什么苏维埃“体系”，或者像英国“基尔特”社会主义者[57]那样谈论什么苏维埃“思想”。这种关于苏维埃“体系”和“思想”的议论，在工人当中往往会混淆视听，引起思想上的混乱。但是，工人现在正在抛弃这种学究式的无稽之谈，拿起苏维埃给他们的武器。苏维埃的作用和意义在东方各国也普遍地为人们所了解了。

在整个东方，在整个亚洲，在一切殖民地人民当中，苏维埃运动都已经打下了基础。

被剥削者必须奋起推翻剥削者，建立自己的苏维埃，这并不是十分复杂的道理。在有了我国的经验之后，在俄国建立苏维埃共和国两年半之后，在第三国际第一次代表大会召开之后，全世界亿万被剥削被压迫的群众都懂得了这个道理。现在我们俄国由于比国际帝国主义弱，常常不得不实行妥协，等待时机，可是我们知道，我们是在维护 125 000 万人的利益。暂时我们的前进道路上还有绊脚石，还有偏见和无知这样的障碍，但是这些正在迅速地被克服，愈往后，我们愈能真正代表和维护占世界人口 70%的被剥削劳动者的利益了。我们可以自豪地说：在第一次代表大会上，我们实际上只是在进行宣传，只是向全世界无产阶级提出基本的思想，只是在发出斗争的号召，我们还只是在了解什么地方有人能走这条路；而现在，我们到处都有了先进的无产阶级，到处都有了无产阶级大军，虽然有时组织得不好，还需要改组。既然各国的同志们现在都在帮助我们组织一支统一的大军，那么任何缺点都阻碍不了我们去完成我们的事业。这个事业就是世界无产阶级革命的事业，就是建立世界苏维埃共和国的事业。（长时间鼓掌）

载于 1920 年 7 月 24 日《真理报》
第 162 号

选自《列宁全集》中文第 2 版增订版
第 39 卷第 224—226 页

3

民族和殖民地问题委员会的报告[58]

（7月26日）

同志们，我只简短地讲几句开场白，然后，由我们委员会过去的秘书马林同志向你们详细地报告我们对提纲所作的修改。在他之后，补充提纲的起草人罗易同志也要发言。我们委员会一致通过了修改后的提纲初稿①和补充提纲。这样，我们在一切最重要问题上完全取得了一致的意见。现在，我就来作几点简短的说明。

第一，我们提纲中最重要最基本的思想是什么？就是被压迫民族和压迫民族之间的区别。同第二国际和资产阶级民主派相反，我们强调这种区别。在帝国主义时代，对于无产阶级和共产国际来说，特别重要的是：弄清具体的经济事实；在解决一切殖民地和民族问题时，不从抽象的原理出发，而从具体的现实生活中的各种现象出发。

帝国主义的特点，正如我们所看到的那样，就是现在全世界已经划分为两部分，一部分是为数众多的被压迫民族，另一部分是少数几个拥有巨量财富和强大军事实力的压迫民族。世界人口的大多数属于被压迫民族，他们的总数在10亿人以上，大概是125 000万人。我们把世界总人口按175 000万计算，他们就占世界人口

① 见本书第80—87页。——编者注

的70%左右，他们有些处于直接的殖民地附属地位，有些是像波斯、土耳其、中国这一类的半殖民地国家，还有一些则是被帝国主义大国的军队打败，由于签订了和约而深深地陷入依附于该国的地位。把各民族区别、划分为压迫民族和被压迫民族的这个思想贯穿着整个提纲，不仅由我署名的、以前发表过的第一个提纲是这样，罗易同志的提纲也是这样的。后一个提纲主要是根据印度和亚洲其他受英国压迫的大民族的情况写成的，因此，对我们有十分重大的意义。

我们提纲的第二个指导思想就是：在目前的世界形势下，在帝国主义战争以后，各民族的相互关系、全世界国家体系，将取决于少数帝国主义国家反对苏维埃运动和以苏维埃俄国为首的各个苏维埃国家的斗争。如果忽略了这一点，我们就不能正确地提出任何民族和殖民地问题，哪怕它涉及的是世界上一个最遥远的角落。无论是文明国家的共产党，还是落后国家的共产党，都只有从这种观点出发，才能正确地提出和解决各种政治问题。

第三，我想特别强调一下落后国家的资产阶级民主运动问题。正是这个问题引起了某些意见分歧。我们争论的问题是：共产国际和各国共产党应该支持落后国家的资产阶级民主运动，这样说在原则上和理论上是否正确。讨论结果我们一致决定：不提“资产阶级民主”运动，而改提民族革命运动。毫无疑问，任何民族运动都只能是资产阶级民主性质的，因为落后国家的主要居民群众是农民，而农民是资产阶级资本主义关系的体现者。认为无产阶级政党（如果它一般地说能够在这类国家里产生的话）不同农民运动发生一定的关系，不在实际上支持农民运动，就能在这些落后国家里实行共产主义的策略和共产主义的政策，那就是空想。但是当时有人反对说，要是我们提资产阶级民主运动，那就抹杀了改良主义运动和革命运动之间的一切区别。实际上，在落后国家和殖民地国家里，这种区别最近已经表现得十分明显，因为帝国主义资产阶级也极力在被压迫民族中培植改良主义运动。剥削国家和殖民地国家的资产阶级已经有相当密切的关系，所以被压迫国家的资产阶级往往是，甚至可以说在多数场合下都是一方面支持民族运动，另一方面又按照帝国主义资产阶级的意志行事，也就是同他们一起来反对一切革命运动和革命阶级。在委员会里已经无可辩驳地证明了这一点，所以我们认为，唯有注意这种区别，把“资产阶级民主”这样的提法一般都改为“民族革命”才是正确的。我们这样修改，意思是说，只有在殖民地国家的资产阶级解放运动真正具有革命性质的时候，在这种运动的代表人物不阻碍我们用革命精神去教育、组织农民和广大被剥削群众的时候，我们共产党人才应当支持并且一定支持这种运动。如果没有这些条件，共产党人在这些国家里就应该反对第二国际的英雄们这样的改良派资产阶级。殖民地国家已经有了改良主义的政党，这些党的代表人物有时也自命为社会民主党人和社会党人。上面指出的那种区别现在已经贯穿在整个提纲里面了，我认为，这就更确切地表达了我们的观点。

此外，我还想对农民苏维埃问题发表一点意见。俄国共产党人在以前属于沙皇政府的殖民地里，在像土耳其斯坦这类落后国家里进行的实际工作，向我们提出过在资本主义前的条件下如何运用共产主义的策略和政策的问题，因为这些国家最重要的特点就是资本主义前的关系还占统治地位，因此，还谈不到纯粹的无产阶级运动。在这些国家里几乎没有工业无产阶级。尽管如此，我们在那里还是担负起了领导者的作用,并且也应该担负起领导者的作用。我们的工作表明,在这些国家里一定要克服巨大的困难,而我们工作的实际结果也表明,在这些几乎没有无产阶级的地方,尽管有这些困难,仍旧可以在群众中激发起独立思考政治问题、独立进行政治活动的愿望。这个工作对我们比对西欧国家的同志们更困难些,因为俄国无产阶级正忙于国家事务。显然,处于半封建依附状态的农民能够出色地领会建立苏维埃组织这一思想,并把它付诸实现。同样明显的是,那些不仅受商业资本剥削而且也受封建主和封建国家剥削的被压迫群众,在本国的条件下也能够运用这种武器,这种组织形式。建立苏维埃组织这一思想很简单,不仅可以应用于无产阶级的关系,而且可以应用于农民的封建和半封建的关系。我们在这方面的经验暂时还不很丰富,但是委员会里有几个殖民地国家的代表参加的讨论,无可辩驳地证明了在共产国际的提纲中必须指出:农民苏维埃、被剥削者苏维埃这种手段不仅适用于资本主义国家,也适用于还保留资本主义前的关系的国家;无论在落后国家或者在殖民地,普遍宣传建立农民苏维埃、劳动者苏维埃这一思想是各国共产党和准备建立共产党的人责无旁贷的义务;只要是条件允许的地方,都应该立即进行建立劳动人民苏维埃的尝试。

这样,我们的实际工作中就出现了一个非常有意思而又十分重要的领域。在这方面我们的共同经验暂时还不很丰富,但是我们会逐步地积累起更多的材料。毫无疑问,先进国家的无产阶级能够也应该帮助落后国家的劳动群众,只要各苏维埃共和国胜利了的无产阶级向这些群众伸出手来,并且能够支持他们,落后国家的发展就能够突破它们目前所处的阶段。

关于这个问题,委员会不但对我署名的提纲,而且更多地对罗易同志起草的提纲进行了相当热烈的讨论(罗易同志还要在这里对他那个提纲作些说明),并且一致通过了对后一个提纲的一些修正。

问题是这样提出的:目前正在争取解放、而战后已经有了进步运动的落后民族的国民经济必然要经过资本主义发展阶段这种说法究竟对不对。我们对这个问题的回答是否定的。如果胜利了的革命无产阶级对落后民族进行系统的宣传,而各苏维埃政府以其所拥有的一切手段去帮助它们,那么,说落后民族无法避免资本主义发展阶段就不对了。在一切殖民地和落后国家,我们不仅应该组成能够独立进行斗争的基干队伍,即党的组织,不仅应该立即宣传组织农民苏维埃并使这种苏维埃适应资本主义前的条件,而且共产国际还应该指出,还应该从理论上说明,在先进国家无产阶级的帮助下,落后国家可以不经过资本主义发展阶段而过渡到苏维埃制度,然后经过一定的发展阶段过渡到共产主义。

必须采取什么手段才能达到这个目的——这不可能预先指出。实际经验将会给我们启示。但是可以肯定地说:建立苏维埃这一思想对于最遥远的民族中的全体劳动群众是很亲切的,苏维埃这种组织一定能够适应资本主义前的社会制度的条件,共产党应该立刻在全世界开展这方面的工作。

我还想指出,共产党不仅在本国,而且在殖民地国家,特别是在剥削民族用来控制殖民地各民族的军队中进行革命工作具有很大的意义。

英国社会党的奎尔奇同志在我们委员会里谈到了这个问题。他说,一个普通英国工人会认为,援助被奴役的民族举行起义反对英国的统治是背叛行为。的确,有琼果主义[59]和沙文主义情绪的英、美工人贵族是社会主义最危险的敌人,是第二国际最有力的支柱。的确,属于这个资产阶级国际的那些领袖和工人实行过最大的背叛。第二国际也讨论过殖民地问题。在巴塞尔宣言[60]中关于这个问题也说得十分清楚。第二国际各党也曾表示要本着革命精神进行工作,但是,我们没有看到第二国际各党做了什么真正的革命工作,也没有看到它们援助过被剥削附属民族所举行的反对压迫民族的起义,我认为,多数已经退出第二国际而希望加入第三国际的党也是如此。我们应当公开地说出这一点,这是无法驳倒的。我们要看看,有没有人想来反驳。

我们草拟决议时就是把这些看法作为基础的。这些决议无疑是太长了些,但是我相信它们毕竟是有用处的,它们将有助于在民族和殖民地问题上开展和组织真正的革命工作,而这正是我们的主要任务。

载于 1920 年 8 月 7 日《共产国际第二次代表大会通报》第 6 号

选自《列宁全集》中文第 2 版增订版第 39 卷第 232—237 页

庆祝《真理报》创刊十周年[61]（节选）

（1922年5月2日）

庆祝在俄国出版的布尔什维克日报的十周年…… 时间只过去了10年！然而从这个时期的斗争和运动的内容来说，等于经历了100年。如果用旧的尺度，用像第二国际和第二半国际的英雄们那样的欧洲庸人的尺度来衡量，近5年来社会发展的速度简直是异常的，因为这些文明的庸人习以为“常”的是，殖民地和赤贫的半附属国的数亿（确切地说，是十几亿）人甘愿忍受印度人或中国人所忍受的那种待遇，忍受闻所未闻的剥削和明目张胆的掠夺，忍受饥饿、暴力和侮辱，而这一切都是为了让“文明”人能够“自由地”、“民主地”、“议会式地”决定如下问题：是和平地分赃，还是像昨天德国和英国那样——明天日本和美国（在法国和英国某种方式的参与下）也会这样——为了瓜分帝国主义的赃物而屠杀一两千万人？

世界所以有这种突飞猛进的发展，其基本原因是有成亿成亿的人卷进这个发展的洪流了。惯于把自己看成世界中心的旧的资产阶级的和帝国主义的欧洲，已经在第一次帝国主义大厮杀中像发臭的脓疮一样溃烂和裂开了。不管施本格勒之流和所有推崇他（即或是研究他）的有教养的小市民怎样为此痛哭流涕，然而旧欧洲的这种衰落不过是靠帝国主义掠夺和压迫地球上大多数居民而养肥了的世界资产阶级没落史上的一段插曲而已。

现在，大多数居民已经觉醒，已经行动起来，连最有实力、最"强大"的列强也阻挡不住。它们哪里阻挡得了！第一次帝国主义大厮杀的"胜利者"现在连小得可怜的爱尔兰都战胜不了，连它们彼此之间在财政问题和货币问题上的混乱都克服不了。而印度和中国在沸腾。这有7亿多人。再加上周围和它们完全相似的亚洲各国，那就占全世界人口的一大半。那里的1905年即将到来，而且正以不可阻挡之势愈来愈快地到来，但有一个根本的很大的不同之处：俄国的1905年革命尚能孤立地进行（至少在开始时），也就是说，没有一下子把其他各国卷入革命。而印度和中国的日益发展的革命现在正在卷入或已经卷入革命斗争，卷入革命运动，卷入国际革命。

合法的布尔什维克日报《真理报》创刊十周年，使我们清楚地看到最伟大的世界革命的突飞猛进的里程碑之一。在1906—1907年，沙皇政府似乎已经彻底粉碎了革命。没过几年，布尔什维克党**以另一种不同的方式**打进敌人的堡垒，开始每天都"合法地"进行从内部炸毁万恶的沙皇地主专制制度的工作。又没过几年，布尔什维克组织的无产阶级革命就胜利了。

在1900年创办旧《火星报》[62]的时候，只有十来个革命者参加。在布尔什维主义产生的时候，在1903年布鲁塞尔和伦敦的秘密代表大会上，有40来个革命者参加。[63]

在1912—1913年布尔什维克的合法《真理报》诞生的时候，拥护它的已经有几万以至几十万工人了，他们以一戈比一戈比的捐款战胜了沙皇制度的压迫，也战胜了背叛社会主义的小资产阶级分子——孟什维克的竞争。

1917 年 11 月立宪会议选举的时候,3 600 万人中投布尔什维克票的有 900 万人。实际上拥护布尔什维克的,即不是在选举中而是在斗争中拥护布尔什维克的,在 1917 年 10 月底和 11 月就已经占无产者和觉悟农民的**大多数**,这就是全俄苏维埃第二次代表大会的大多数代表,这就是劳动人民中间大多数最积极的觉悟分子,即当时 1 200 万人的大军。

这就是用数字来表明的近 20 年来世界革命运动"突飞猛进"的一幅小小的画面。这是一幅很小的、很不完全的画面,它很粗略地表现了总共不过 15 000 万人民的历史,其实这 20 年来在共有 10 多亿人口的国家中(整个亚洲,也不要忘记南非,它最近还提出了要做**人**、不做奴隶的要求,而且不完全是"议会式地"提出的),革命已经开始,并且发展成一支不可战胜的力量了。

如果某些"施本格勒的徒子徒孙"——请原谅我这样讲——由此断言(第二国际和第二半国际"绝顶聪明的"领袖是什么蠢事都想得出来的),这种计算把欧美无产阶级排除在革命力量之外了,那么我们回答说,刚才提到的那些"绝顶聪明的"领袖常常作这样的推论:既然怀孕 10 个月就该分娩,那就可以确定分娩在几点几分、胎儿降生时的姿势和产妇分娩时的情况、婴儿和产妇将受到的痛楚和危险的准确程度。真是"绝顶聪明的"人!他们无论如何也猜想不到,从国际革命发展的角度来看,从宪章运动转到向资产阶级卑躬屈节的韩德逊之流,或者从瓦尔兰转到列诺得尔,或者从威廉·李卜克内西和倍倍尔转到休特古姆、谢德曼和诺斯克,不过像汽车从数百俄里长的平坦公路"转"**到**这条公路上的几俄尺长的又臭又脏的小水洼而已。

人是自己创造自己的历史的。但是，宪章派、瓦尔兰派和李卜克内西派是用自己的头和心来创造历史的。而第二国际和第二半国际的领袖们则完全用身体的另一些部位来“创造”历史，也就是说，他们在给新的宪章派、新的瓦尔兰派、新的李卜克内西派的土壤施肥。

在目前**最困难的**关头，自欺对革命者是最有害的。虽然布尔什维主义**已成为**国际力量，虽然在**一切**文明和先进的国家已经产生了作为合法的（就像10年前我们的《真理报》在沙皇制度下那样合法的）共产党日益壮大的新的宪章派、新的瓦尔兰派、新的李卜克内西派，但是国际资产阶级现在还是比它的阶级敌人强大得多。国际资产阶级曾竭尽全力地阻挠俄国无产阶级政权的诞生，十倍地加剧它诞生时的危险和痛楚，现在它还能借助白卫分子和帝国主义的战争等等使千百万人遭受痛苦和死亡。这是我们不应当忘记的。我们应当巧妙地使自己的策略适应目前情况的这一特点。资产阶级现在还能恣意折磨、虐待和杀害人民。但是，资产阶级却不能阻止革命无产阶级必然的和从全世界历史的观点看来为期不远的完全胜利。

1922年5月2日

载于1922年5月5日《真理报》第98号

选自《列宁全集》中文第2版增订版第43卷第179—182页

论我国革命

（评尼·苏汉诺夫的札记）[64]

（1923年1月16日和17日）

一

这几天我翻阅了一下苏汉诺夫的革命札记。特别引人注目的是我国所有小资产阶级民主派也和第二国际全体英雄们一样迂腐。引人注目的是他们对过去的盲目模仿，至于他们非常怯懦，甚至其中的优秀人物一听说要稍微离开一下德国这个榜样，也要持保留态度，至于所有小资产阶级民主派在整个革命中充分表现出来的这种特性，就更不用说了。

他们都自称马克思主义者，但是对马克思主义的理解却迂腐到无以复加的程度。马克思主义中有决定意义的东西，即马克思主义的革命辩证法，他们一点也不理解。马克思说在革命时刻要有极大的灵活性[65]，就连马克思的这个直接指示他们也完全不理解，他们甚至没有注意到，例如，马克思在通信中（我记得是在1856年的通信中）曾表示希望能够造成一种革命局面的德国农民战争同工人运动结合起来[66]，就是对马克思的这个直接指示，他们也像猫儿围着热粥那样绕来绕去，不敢触及。

他们的一举一动都暴露出他们是些怯懦的改良主义者，唯恐离开资产阶级一步,更怕跟资产阶级决裂,同时又用满不在乎的空谈和大话来掩饰自己的怯懦。即使单从理论上来看,也可以明显地看出他们根本不能理解马克思主义的下述见解。他们到目前为止只看到过资本主义和资产阶级民主在西欧的发展这条固定道路。因此,他们不能想象到,这条道路只有作相应的改变,也就是说,作某些修正(从世界历史的总进程来看,这种修正是微不足道的),才能当做榜样。

第一,这是和第一次帝国主义世界大战相联系的革命。这样的革命势必表现出一些新的特征,或者说正是由于战争而有所改变的一些特征,因为世界上还从来没有过在这种情况下发生的这样的战争。到目前为止我们看到,最富有的国家的资产阶级在这场战争之后还没有能调整好"正常的"资产阶级关系,而我们的改良主义者,即硬充革命家的小资产者,却一直认为正常的资产阶级关系是一个极限(不可逾越的极限),而且他们对于这种"正常"的理解是极其死板、极其狭隘的。

第二,他们根本不相信任何这样的看法:世界历史发展的一般规律,不仅丝毫不排斥个别发展阶段在发展的形式或顺序上表现出特殊性,反而是以此为前提的。他们甚至没有想到,例如,俄国是个介于文明国家和初次被这场战争最终卷入文明之列的整个东方各国即欧洲以外各国之间的国家,所以俄国能够表现出而且势必表现出某些特殊性,这些特殊性当然符合世界发展的总的路线,但却使俄国革命有别于以前西欧各国的革命,而且这些特殊性到了东方国家又会产生某些局部的新东西。

例如,他们在西欧社会民主党发展时期背得烂熟的一条论据,已成为他们万古不变的金科玉律,这条论据就是:我们还没有成长到实行社会主义的地步，或像他们中间各种“博学的”先生们所说的那样，我们还没有实行社会主义的客观经济前提。可是他们谁也没有想到问一问自己：面对第一次帝国主义大战所造成的那种革命形势的人民，在毫无出路的处境逼迫下，难道他们就不能奋起斗争，以求至少获得某种机会去为自己争得进一步发展文明的并不十分寻常的条件吗？

“俄国生产力还没有发展到可以实行社会主义的高度。”第二国际的一切英雄们，当然也包括苏汉诺夫在内，把这个论点真是当做口头禅了。他们把这个无可争辩的论点，用千百种腔调一再重复，他们觉得这是对评价我国革命有决定意义的论点。

试问，既然特殊的环境把俄国卷入了西欧所有多少有些影响的国家也被卷入的帝国主义世界大战，其次使处于东方即将开始或部分已经开始的革命边缘的俄国，发展到有条件实现像马克思这样的“马克思主义者”在1856年谈到普鲁士时曾作为一种可能的前途提出来的“农民战争”同工人运动的联合，那该怎么办呢？

既然毫无出路的处境十倍地增强了工农的力量，使我们能够用与西欧其他一切国家不同的方法来创造发展文明的根本前提，那又该怎么办呢？世界历史发展的总的路线是不是因此改变了呢？正在卷入和已经卷入世界历史总进程的每个国家的各基本阶级的基本相互关系是不是因此改变了呢？

既然建立社会主义需要有一定的文化水平（虽然谁也说不出这个一定的“文化水平”究竟是什么样的，因为这在各个西欧国家都是不同的），我们为什么不能首先用革命手段取得达到这个一定水平的前提，**然后**在工农政权和苏维埃制度的基础上赶上别国人民呢？

1923年1月16日

二

你们说，为了建立社会主义就需要文明。好极了。那么，我们为什么不能首先在我国为这种文明创造前提，如驱逐地主，驱逐俄国资本家，然后开始走向社会主义呢？你们在哪些书本上读到过，通常的历史顺序是不容许或不可能有这类改变的呢？

记得拿破仑这样写过："On s'engage et puis… on voit"，意译出来就是："首先要投入真正的战斗，然后便见分晓。"我们也是首先在1917年10月投入了真正的战斗，然后就看到了像布列斯特和约[52]或新经济政策等等这样的发展中的细节（从世界历史的角度来看，这无疑是细节）。现在已经毫无疑问，我们基本上是胜利了。

我们的苏汉诺夫们，更不必说那些比他们更右的社会民主党人了，做梦也没有想到，不这样就根本不能进行革命。我们的欧洲庸人们做梦也没有想到，在东方那些人口无比众多、社会情况无比复杂的国家里，今后的革命无疑会比俄国革命带有更多的特殊性。

不用说，按考茨基思想编写的教科书在当时是很有益处的。不过现在毕竟是丢掉那种认为这种教科书规定了今后世界历史发展的一切形式的想法的时候了。应该及时宣布，有这种想法的人简直就是傻瓜。

1923年1月17日

载于1923年5月30日《真理报》第117号

选自《列宁全集》中文第2版增订版第43卷第373—376页

宁肯少些，但要好些（节选）

（1923年3月2日）

现在我们生活的一般特征是这样的：我们摧毁了资本主义工业，曾力求完全摧毁中世纪设施和地主的土地占有制，并在这个基础上培植出小农和极小农，他们由于相信无产阶级革命工作的成果而跟着它走。但是我们靠这种信任一直支持到社会主义革命在比较发达的国家里获得胜利，那是不容易的，因为小农和极小农，特别是在新经济政策的条件下，由于经济的必然性，还停留在极低的劳动生产率水平上。此外，国际环境也把俄国抛回到过去的水平，我国国民劳动生产率，整个说来，现在比战前低得多。西欧资本主义列强半自觉半自发地尽一切可能把我们抛回到过去的水平，利用俄国国内战争中的各种因素尽量破坏我国经济。当然正是这样结束帝国主义战争在它们看来是最有利的：即使我们推翻不了俄国的革命制度，至少也要使它难于向社会主义发展。——列强大致上就是这样考虑的，而且从它们的角度也不能不这样考虑。结果，它们的任务只完成了一半。它们并没有推翻革命所创立的新制度，但是它们也不让新制度能够立刻大步前进，以证实社会主义者的预言，使他们能够迅速地发展生产力和发挥所有能发展成为社会主义的潜力，并向所有的人直观地清楚地证明：社会主义蕴藏着巨大的力量,人类现在已经转入一个新的、有着光辉灿烂前途的发展阶段。

国际关系体系现在已成为这样:欧洲的一个国家受着各战胜国的奴役,这就是德国。其次,一些国家,而且是西方一些最老的国家,因获得胜利而能够利用胜利向本国被压迫阶级作一些不大的让步,这些让步毕竟在推迟这些国家的革命运动,造成某种类似“社会和平”的局面。

同时东方许多国家,如印度、中国等等,正是由于最近这次帝国主义战争的影响而完全被抛出了自己的常轨。这些国家的发展已完全按照整个欧洲的资本主义的方向进行。在这些国家里开始出现整个欧洲的那种动荡。现在全世界都已清楚,这些国家已经卷入不能不引起整个世界资本主义危机的发展进程。

因此,现在我们面临这样一个问题:在我国这种小农和极小农的生产条件下,在我国这种经济破坏的情况下,我们能不能支持到西欧资本主义国家发展到社会主义的那一天呢?不过,这些国家完成这一发展过程,不会像我们从前所期待的那样。它们完成这一发展过程,不会是经过社会主义在这些国家里平衡“成熟”,而将是经过一些国家对另一些国家进行剥削,经过对帝国主义战争中第一个战败国进行剥削,再加上对整个东方进行剥削的道路来完成的。另一方面,正是由于第一次帝国主义大战,东方已经最终加入了革命运动,最终卷入了全世界革命运动的总漩涡。

在这样的形势下,我国应该采取怎样的策略呢?显然应该采取这样的策略:为了保住我国的工人政权,为了保持工人政权在我国小农和极小农中间的威望和对他们的领导,我们必须极其谨慎小心。现在全世界正进入一种必然引起全世界社会主义革命的运动，这对我们是有利的。但是也有对我们不利的地方，这就是帝国主义者已把整个世界分裂为两个阵营，而且因德国这个真正先进的、文明的、资本主义发达的国家现在很难抬起头来而使这种分裂更加复杂化。所谓西方的一切资本主义列强都在啄食它，不让它抬起头来。而另一方面，拥有亿万过着极端贫困生活的被剥削劳动人民的整个东方已陷入这样的境地：其体力、物力根本不能同西欧任何一个小得多的国家的体力、物力和军事力量相比。

我们能不能避免同这些帝国主义国家在未来发生冲突呢？过去西方和东方反革命营垒中的矛盾，东方和西方剥削者营垒中的矛盾，日本和美国营垒中的矛盾，曾使西欧反革命势力发动的援助俄国反革命势力的进攻遭到失败，现在能不能指望西方日益强大的帝国主义国家同东方日益强大的帝国主义国家之间的内部矛盾和冲突像过去那样，再给我们一次延缓我们同帝国主义国家的冲突的机会呢？

我觉得，对这一问题应当这样来回答：这里问题的解决取决于许许多多的情况；整个说来，只有根据地球上绝大多数人口终于在资本主义本身的训练和培养下起来斗争了这一点，才能预见到斗争的结局。

斗争的结局归根到底取决于如下这一点：俄国、印度、中国等等构成世界人口的绝大多数。正是这个人口的大多数，最近几年来非常迅速地卷入了争取自身解放的斗争，所以在这个意义上说，世界斗争的最终解决将会如何，是不可能有丝毫怀疑的。在这个意义上说，社会主义的最终胜利是完全和绝对有保证的。

但是我们关心的并不是社会主义最终胜利的这种必然性。我们关心的是我们俄国共产党，我们俄国苏维埃政权为阻止西欧反革命国家扼杀我们所应采取的策略。为了保证我们能存在到反革命的帝国主义的西方同革命的和民族主义的东方，世界上最文明的国家同东方那样落后的但是占人口大多数的国家发生下一次军事冲突的时候，这个大多数必须能赶得上建立文明。

载于 1923 年 3 月 4 日《真理报》
第 49 号

选自《列宁全集》中文第 2 版增订版
第 43 卷第 392—395 页

注　释

1 指1857—1859年印度人民反抗英国殖民者的起义。1857年5月10日，德旦东北密拉特城的西帕依部队首先举行起义，随即攻占了德里。不久，印度中部、北部大部分地区的农民、手工业者、城市贫民以及一部分封建主也参加了起义。由于缺乏统一的领导和封建主的背叛，这次起义于1859年在英军镇压下遭到失败。但它仍迫使英国在统治印度的政策方面作了若干让步。——4。

2 英布战争亦称布尔战争，是指1899年10月—1902年5月英国对布尔人的战争。布尔人是南非荷兰移民的后裔，19世纪建立了德兰士瓦共和国和奥兰治自由邦。为了并吞这两个黄金和钻石矿藏丰富的国家，英国发动了这场战争。由于布尔人战败，这两个国家丧失了独立，1910年被并入英国自治领南非联邦。——4、56。

3 《告俄国无产阶级书》是列宁在日俄战争开始一周后为俄国社会民主工党中央委员会写的一份传单，曾分寄俄国许多城市的党委员会翻印和散发。娜·康·克鲁普斯卡娅在1904年2月3、4日（16、17日）分别写给伊·克·拉拉扬茨、列·波·克拉辛和莉·米·克尼波维奇的信中曾提到寄发这份传单的问题（见《列宁文集》俄文版第10卷第323、324页）。

1904年3月5日（18日）《火星报》第61号转载了这份传单。《告俄国无产阶级书》于1959年首次载入《列宁全集》俄文第5版第8卷。——11。

4 1900年八国联军侵略中国期间，沙皇俄国除参加联军攻占天津、北京外，还单独出兵17万侵占了东三省全境。1902年4月8日，中俄签订了《交收东三省条约》,规定俄军分三期撤军,每期半年,一年半内撤完。沙皇俄国于第一期撤军之后就提出种种无理要求,拒绝撤军。——11。

5 指所谓"三国干涉还辽"一事。由于中国在中日甲午战争(1894—1895)中战败,日本迫使清朝政府在1895年4月17日签订了马关条约。根据条约,中国承认朝鲜完全"自主";割让辽东半岛、整个台湾岛及所属各岛、澎湖列岛给日本;"赔偿"日本军费白银2亿两;开放沙市、重庆、苏州、杭州为商埠。沙皇俄国认为割让辽东半岛给日本对它极为不利,于是联合了德国和法国,在1895年4月23日向日本政府提出抗议,要求日本放弃占有辽东半岛。日本因军事上无力与俄、德、法三国进行对抗,只好接受了他们的要求。中国为此再向日本付出了3 000万两白银的巨额"赎金"。——12。

6 《列宁全集》中文第2版增订版第9卷《附录》中收载了《旅顺口的陷落》一文的提纲。这篇文章的其他准备材料——外国和俄国报刊摘录——载于《列宁文稿》人民出版社版第11卷第632页。——14。

7 指《比利时独立报》。上文引自该报1905年1月4日社论《旅顺口》。

《比利时独立报》(«L' Indépendance Belge»)是比利时资产阶级自由派的机关报(日报)。1831年在布鲁塞尔创刊,1940年停刊。——14。

8 *我们死后哪怕洪水滔天!* 这句话据说出自法国国王路易十五。路易十五在位时横征暴敛,榨取全国钱财来维持宫廷奢侈生活,根本不顾人民死活,曾说他这一辈子已经足够,死后管它洪水滔天。——18。

9 《泰晤士报》(«The Times»)是英国最有影响的资产阶级报纸(日报),1785年1月1日在伦敦创刊。原名《环球纪事日报》,1788年1月改称《泰晤士报》。——18。

10 《革命俄国报》(«Революционная Россия»)是俄国社会革命党人的秘密报纸,由社会革命党人联合会于1900年底在俄国出版,创办人为安·亚·阿尔古诺夫。1902年1月—1905年12月,作为社会革命党的正式机关报在日内瓦出版,编辑为米·拉·郭茨和维·米·切尔诺夫。——19。

11 新《火星报》是指第52号以后的《火星报》。1903年10月19日(11月1日)列宁退出《火星报》编辑部以后，该报第52号由格·瓦·普列汉诺夫一人编辑。1903年11月13日(26日)普列汉诺夫把原来的编辑全部增补进编辑部以后，该报由普列汉诺夫、尔·马尔托夫、帕·波·阿克雪里罗得、维·伊·查苏利奇和亚·尼·波特列索夫编辑。1905年5月该报第100号以后，普列汉诺夫退出了编辑部。1905年10月，该报停刊，最后一号是第112号。关于《火星报》，见注62。——20。

12 指《福斯报》。此处摘自该报1905年1月4日社论《旅顺口》。

《福斯报》(«Vossische Zeitung»)是德国温和自由派报纸，1704—1934年在柏林出版。——21。

13 指1904年12月15日(28日)莫斯科省贵族代表П.Н.特鲁别茨科伊公爵给内务大臣彼·丹·斯维亚托波尔克-米尔斯基的信。这封信刊登于1904年12月18日(31日)《解放》杂志第62期。特鲁别茨科伊在分析社会运动的情况时写道："目前发生的事件不是暴乱，而是革命；与此同时，俄国人民正被卷入这场革命……"——21。

14 《五一节》这个传单是列宁在日内瓦写的，以俄国社会民主工党多数派委员会常务局和《前进报》编辑部的名义印发。俄国社会民主工党巴库、叶卡捷琳诺斯拉夫、莫斯科、下诺夫哥罗德、里加、捷列克—达吉斯坦等委员会和雷宾斯克小组翻印了这个传单。传单的提纲见《列宁全集》中文第2版增订版第10卷第353—354页。——23。

15 第一届国家杜马(维特杜马)是根据沙皇政府大臣会议主席谢·尤·维特制定的条例于1906年4月27日(5月10日)召开的。

在1905年十月全俄政治罢工的冲击下，沙皇尼古拉二世被迫发表了10月17日宣言，宣布召开具有立法职能的国家杜马以代替布里根咨议性杜马，借以把国家引上君主立宪的发展道路。1905年12月11日，沙皇政府公布了《关于修改国家杜马选举条例的命令》，这一命令原封不动地保留了为选举布里根杜马而制定的以财产资格和阶级不平等为基础的选举制度，只是在原来的三个选民团——土地占有者(地主)选民团、城市(资产阶级)选民团、农民选民团之外,新增了工人选民团。就分得的复选人数额来说,各选民团的权利不是平等的。地主的1票相当于城市资产阶级的3票、农民的15票、工人的45票。工人选民团的复选人只占国家杜马全部复选人的4%。选举不是普遍的。全体妇女、不满25岁的青年、游牧民族、军人、学生、小企业(50人以下的企业)的工人、短工、小手工业者、没有土地的农民都被剥夺了选举权。选举也不是直接的。一般是二级选举制,而为工人规定了三级选举制,为农民规定了四级选举制。

十二月起义失败后,沙皇政府一再限制曾经宣布过的杜马的权力。1906年2月20日的诏书给了国务会议以批准或否决国家杜马所通过的法案的权力。1906年4月23日(5月6日)又颁布了经尼古拉二世批准的《国家根本法》,将国家政策的最重要问题置于杜马管辖之外。

第一届国家杜马选举于1906年2—3月举行。布尔什维克宣布抵制,但是没能达到搞垮这次选举的目的。当杜马终究召集起来时,列宁要求利用杜马来进行革命的宣传鼓动并揭露杜马的本质。

第一届国家杜马的代表共478人,其中立宪民主党179人,自治派63人(包括波兰、乌克兰、爱沙尼亚、拉脱维亚、立陶宛等民族的资产阶级集团的成员),十月党16人,无党派人士105人,劳动派97人,社会民主党18人。主席是立宪民主党人谢·安·穆罗姆采夫。

第一届国家杜马讨论过人身不可侵犯、废除死刑、信仰和集会自由、公民权利平等等问题,但是中心问题是土地问题。在杜马会议上提出的土地纲领主要有两个:一个是立宪民主党人于5月8日提出的由42名代表签署的法案,它力图保持地主土地占有制,只允许通过"按公平价格"赎买的办法来强制地主转让主要用农民的耕畜和农具耕种的或已出租的土地;另一个是劳动派于5月23日提出的"104人法案",它要求建立全民土地资产,把超过劳动土地份额的地主土地及其他私有土地收归国有,按劳动份额平均使用土地。

第一届国家杜马尽管很软弱,它的决议尽管很不彻底,但仍不符合政府的愿望。1906年7月9日(22日),沙皇政府解散了第一届国家杜马。——25。

16　青年土耳其党人是19世纪末20世纪初土耳其资产阶级革命运动参加

者的泛称，也专指1889年在伊斯坦布尔成立的土耳其资产阶级革命者的政治组织“统一与进步”的成员。青年土耳其党人主张限制苏丹的专制权力，把土耳其从封建帝国变为资产阶级的君主立宪国家，加强土耳其资产阶级在国家的政治生活和经济生活中的地位，以挽救陷于瓦解的奥斯曼帝国和防止帝国主义列强瓜分它的领土。1908年7月，青年土耳其党人在军队的支持下发动了一场上层资产阶级革命，迫使土耳其苏丹阿卜杜尔-哈米德二世签署了召开议会的诏书。1909年4月忠于苏丹的军队发动的叛乱被粉碎后，青年土耳其党人组成了新政府。青年土耳其党人执政后很快就失去了革命性。青年土耳其党人的政府保存了君主政体，并执行反动政策。它与封建势力、买办阶级和帝国主义相勾结，成为他们的利益的代表者。土耳其在第一次世界大战中失败后，1918年11月，“统一与进步”党（由“统一与进步”组织改组而成）在自己的代表大会上宣布自行解散。——26。

17　立宪民主党人是我国自由主义君主派资产阶级的主要政党立宪民主党的成员。立宪民主党（正式名称为人民自由党）于1905年10月成立。中央委员中多数是资产阶级知识分子、地方自治人士和自由派地主。主要活动家有帕·尼·米留可夫、谢·安·穆罗姆采夫、瓦·阿·马克拉柯夫、安·伊·盛加略夫、彼·伯·司徒卢威、约·弗·盖森等。立宪民主党提出一条与革命道路相对抗的和平的宪政发展道路，主张俄国实行立宪君主制和资产阶级的自由。在土地问题上，主张将国家、皇室、皇族和寺院的土地分给无地和少地的农民；私有土地部分地转让，并且按“公平”价格给予补偿；解决土地问题的土地委员会由同等数量的地主和农民组成，并由官员充当他们之间的调解人。1906年春，曾同政府进行参加内阁的秘密谈判，后来在国家杜马中自命为“负责任的反对派”。第一次世界大战期间，支持沙皇政府的掠夺政策，曾同十月党等反动政党组成“进步同盟”，要求成立责任内阁，即为资产阶级和地主所信任的政府，力图阻止革命并把战争进行到最后胜利。二月革命后，立宪民主党在资产阶级临时政府中居于领导地位，竭力阻挠土地问题、民族问题等基本问题的解决，并奉行继续帝国主义战争的政策。七月事变后，支持科尔尼洛夫叛乱，阴谋建立军事独裁。十月革命胜利后，苏维埃政府于1917年11月28日（12月11日）宣布立宪民主党为“人民公敌的党”。该党随之转入地下，继续进行反革命活动，并参与白卫将军的武装叛乱。国内战争结束后，该党上层分子大多数逃亡国外。1921 年 5 月，该党在巴黎召开代表大会时分裂，作为统一的党不复存在。——27。

18 《正义报》(«Justice»)是英国一家周报，1884 年 1 月至 1925 年初在伦敦出版。最初是英国社会民主联盟的机关报，从 1911 年起成为英国社会党的机关报。第一次世界大战期间，该报采取社会爱国主义立场，由亨·迈·海德门编辑。1925 年 2 月改名为《社会民主党人报》继续出版，1933 年 12 月停刊。——27。

19 独立工党(I.L.P.)是英国改良主义政党，1893 年 1 月成立。领导人有基·哈第、拉·麦克唐纳、菲·斯诺登等。党员主要是一些新、旧工联的成员以及受费边派影响的知识分子和小资产阶级分子。独立工党从建党时起就采取资产阶级改良主义立场，把主要注意力放在议会斗争和同自由主义政党进行议会交易上。1900 年，该党作为集体党员加入英国工党。在第一次世界大战期间，独立工党领袖采取资产阶级和平主义立场。1932 年 7 月独立工党代表会议决定退出英国工党。1935 年该党左翼成员加入英国共产党，1947 年许多成员加入英国工党，独立工党不再是英国政治生活中一支引人注目的力量。——27。

20 《人道报》(«L'Humanité»)是法国日报，由让·饶勒斯于 1904 年创办。该报起初是法国社会党的机关报，在第一次世界大战期间为法国社会党极右翼所掌握，采取了社会沙文主义立场。1918 年该报由马·加香领导后，反对法国政府武装干涉苏维埃俄国的帝国主义政策。在法国社会党分裂和法国共产党成立后，从 1920 年 12 月起，该报成为法国共产党中央机关报。——29。

21 指法国、西班牙、意大利等西南欧国家。——30。

22 这是关于俄国社会民主工党第六次全国代表会议的一组文献。

俄国社会民主工党第六次全国代表会议于 1912 年 1 月 5—17 日(18—30 日)在布拉格举行，会址在布拉格民众文化馆捷克社会民主党报纸编辑部内。

这次代表会议共代表20多个党组织。出席会议的有来自彼得堡、莫斯科、中部工业地区、萨拉托夫、梯弗利斯、巴库、尼古拉耶夫、喀山、基辅、叶卡捷琳诺斯拉夫、德文斯克和维尔诺的代表。由于警察的迫害和其他方面的困难,叶卡捷琳堡、秋明、乌法、萨马拉、下诺夫哥罗德、索尔莫沃、卢甘斯克、顿河畔罗斯托夫、巴尔瑙尔等地党组织的代表未能到会,但这些组织都送来了关于参加代表会议的书面声明。出席会议的还有中央机关报《社会民主党人报》编辑部、《工人报》编辑部、国外组织委员会、俄国社会民主工党中央运输组等单位的代表。代表会议的代表中有两位孟什维克护党派分子Д.М.施瓦尔茨曼和雅·达·捷文,其余都是布尔什维克。这次代表会议实际上起了代表大会的作用。

出席代表会议的一批代表和俄国组织委员会的全权代表曾经写信给拉脱维亚边疆区社会民主党中央委员会、崩得中央委员会、波兰和立陶宛社会民主党总执行委员会以及国外各集团,请它们派代表出席代表会议,但被它们所拒绝。马·高尔基因病没有到会,他曾写信给代表们表示祝贺。

列入代表会议议程的问题是:报告(俄国组织委员会的报告,各地方以及中央机关报和其他单位的报告);确定会议性质;目前形势和党的任务;第四届国家杜马选举;杜马党团;工人国家保险;罢工运动和工会;"请愿运动";关于取消主义;社会民主党人在同饥荒作斗争中的任务;党的出版物;组织问题;党在国外的工作;选举;其他事项。

列宁代表中央机关报编辑部出席代表会议,领导了会议的工作。列宁致了开幕词,就确定代表会议的性质讲了话,作了关于目前形势和党的任务的报告和关于社会党国际局的工作的报告,并在讨论中央机关报工作、关于社会民主党在同饥荒作斗争中的任务、关于组织问题、关于党在国外的工作等问题时作了报告或发了言。他起草了议程上所有重要问题的决议案,代表会议通过的决议也都经过他仔细审定。

代表会议的一项最重要的工作是从党内清除机会主义者。当时取消派聚集在两家合法杂志——《我们的曙光》和《生活事业》——的周围。代表会议宣布"《我们的曙光》和《生活事业》集团的所作所为已使它们自己完全置身于党外",决定把取消派开除出俄国社会民主工党。代表会议谴责了国外反党集团——孟什维克呼声派、前进派和托洛茨基分子——的活动,认为必须在国外建立一个在中央委员会监督和领导下进行协助党的工作的统一的党组织。代表会议还通过了关于党的工作的性质和组织形式的决议,批准了列宁提出的党的组织章程修改草案。

代表会议共开了23次会议,对各项决议进行了详细的讨论(《关于党的工作的性质和组织形式》这一决议,是议程上的组织问题与罢工运动和工会问题的共同决议)。会议的记录至今没有发现,只保存了某些次会议的片断的极不完善的记录。会议的决议由中央委员会于1912年以小册子的形式在巴黎出版。

布拉格代表会议恢复了党,选出了中央委员会,并由它重新建立了中央委员会俄国局。当选为中央委员的是:列宁、菲·伊·戈洛晓金、格·叶·季诺维也夫、格·康·奥尔忠尼启则、苏·斯·斯潘达良、施瓦尔茨曼、罗·瓦·马林诺夫斯基(后来发现是奸细)。在代表会议结束时召开的中央委员会全会决定增补伊·斯·别洛斯托茨基和斯大林为中央委员。过了一段时间又增补格·伊·彼得罗夫斯基和雅·米·斯维尔德洛夫为中央委员。代表会议还决定安·谢·布勃诺夫、米·伊·加里宁、亚·彼·斯米尔诺夫、叶·德·斯塔索娃和斯·格·邵武勉为候补中央委员。代表会议选出了以列宁为首的《社会民主党人报》编辑委员会,并选举列宁为俄国社会民主工党驻社会党国际局的代表。

这次代表会议规定了党在新的条件下的政治路线和策略,决定把取消派开除出党,对俄国社会民主工党这一新型政党的进一步发展和巩固党的统一具有决定性意义。——32。

23 指孙中山《中国革命的社会意义》一文(见《孙中山全集》1982年中华书局版第2卷第324—326页)。该文是孙中山1912年4月1日《在南京中国同盟会会员饯别会的演说》的前半部分,译成法文后载于同年7月11日《人民报》,又从法文转译成俄文,同列宁的《中国的民主主义和民粹主义》一文一起载于1912年7月15日(28日)《涅瓦明星报》第17号。——33。

24 《人民报》(«Le Peuple»)是比利时工人党的中央机关报(日报),1885年起在布鲁塞尔出版。在比利时工人党改称为比利时社会党后,是比利时社会党的机关报。——33。

25 农民协会（全俄农民协会）是俄国1905年革命中产生的群众性的革命民主主义政治组织，于1905年7月31日—8月1日（8月13—14日）在莫斯科举行了成立大会。据1905年10—12月的统计，协会在欧俄有470个乡级和村级组织，会员约20万人。根据该协会成立大会和1905年11月6—10日（19—23日）举行的第二次代表大会通过的决议，协会的纲领性要求是：实现政治自由和在普选基础上立即召开立宪会议，支持抵制第一届国家杜马；废除土地私有制，由农民选出的委员会将土地分配给自力耕作的农民使用，同意对一部分私有土地给以补偿。农民协会曾与彼得堡工人代表苏维埃合作，它的地方组织在农民起义地区起了革命委员会的作用。农民协会从一开始就遭到警察镇压，1907年初被解散。——34。

26 劳动派（劳动团）是俄国国家杜马中的农民代表和民粹派知识分子代表组成的小资产阶级民主派集团，1906年4月成立。领导人是阿·费·阿拉季因、斯·瓦·阿尼金等。劳动派要求废除一切等级限制和民族限制，实行自治机关的民主化，用普选制选举国家杜马。劳动派的土地纲领要求建立由官地、皇族土地、皇室土地、寺院土地以及超过劳动土地份额的私有土地组成的全民地产，由农民普选产生的地方土地委员会负责进行土地改革，这反映了全体农民的土地要求，同时它又容许赎买土地，则是符合富裕农民阶层利益的。在国家杜马中，劳动派动摇于立宪民主党和布尔什维克之间。布尔什维克党支持劳动派的符合农民利益的社会经济要求，同时批评它在政治上的不坚定，可是劳动派始终没有成为彻底革命的农民组织。六三政变后，劳动派在地方上停止了活动。第一次世界大战期间，劳动派多数采取沙文主义立场。二月革命后，劳动派积极支持资产阶级临时政府，1917年6月与人民社会党合并为劳动人民社会党。十月革命后，劳动派站在资产阶级反革命势力方面。——34。

27 指袁世凯任临时大总统时召开的中华民国第一届国会。根据1912年8月10日袁世凯政府公布的经临时参议院通过的国会组织法，国会由参议院和众议院组成。参议员274名由各省议会推举，众议员596名由各省按人口比例选出。1912年底至1913年初在全国进行了国会议员选举，结果国民党获得大胜，在参众两院870个议席中占45%强，而拥护袁世凯的共和党和民主党等合计仅占26%弱。第一届国会于1913年4月8日开幕。

1913年10月6日,在袁世凯威逼下,国会经过三次投票把袁世凯捧上正式大总统宝座。1913年11月4日袁下令解散国民党,收回国民党议员的证书,使国会不足法定人数,无法开会。1914年1月袁又通过政治会议这一御用组织停止了参、众两院议员的职务,并将各党派议员遣送回原籍。第一届国会遂告结束。——40。

28 列宁1912年11月写这篇文章时住在波兰的克拉科夫,看来没有可能直接研究中国材料,而只能通过俄国的和西方各国的报刊了解中国,因而文中提到的政党名称大多与实际情况不符。

辛亥革命后,中国一时政党团体林立。1912年,为了迎接国会选举,在它们的基础上组成了一些大的政党,主要是:1912年8月,以孙中山的同盟会为基础,联合统一共和党、国民共进会、共和实进会、国民公党组成了国民党;1912年5月,由统一党、民社、国民协进会、民国公会、国民党(一个小政党,不是上面说的国民党)组成共和党;1912年10月,由共和建设讨论会、共和促进会、共和俱进会、共和统一党和国民新政社合并组成民主党。文中说的"激进社会"党看来是指同盟会,自由党可能是指与同盟会合组国民党的统一共和党等政党团体,"共和派联盟"可能是指民主党或共和党。——41。

29 《马克思学说的历史命运》一文是为纪念马克思逝世三十周年而写的,发表于1913年3月1日(14日)《真理报》第50号。——43。

30 容克是德文Junker的音译,即普鲁士的贵族地主阶级。容克从16世纪起就利用农奴劳动经营大庄园经济,并长期垄断普鲁士军政职位,掌握国家领导权。为适应资本主义关系的发展,普鲁士在19世纪前半期进行了一系列改革,主要是:1807年废除了农奴制;1850年3月颁布了新的《调整地主和农民关系法》,允许农民以高额赎金赎免劳役和其他封建义务。通过这些改革,容克不仅获得了大量赎金,而且掠夺了1/3的农民土地;另一方面,广大农民群众则丧失了土地和牲畜,成为半无产者:这就为封建经济转变为资本主义经济创造了条件。在以大地产为基础的容克农场中越来越多地使用雇佣劳动和农业机器,但容克仍保留某些封建特权，包括对自己庄园范围内的农民的审判权。列宁称这种农业资本主义发展道路为普鲁士式的道路。——44、82。

31 国民党人是中华民国初年资产阶级政党国民党的成员。国民党是由同盟会和统一共和党、国民共进会、共和实进会、国民公党等小党派合并组成的，于1912年8月25日成立。该党奉孙中山为理事长，由宋教仁主持党务。“二次革命”失败后，国民党于1913年11月4日被袁世凯下令解散。——47。

32 进步党是中华民国初年的政党，1913年5月由拥护袁世凯的民主党、统一党和共和党联合组成，目的在于与在国会中占多数席位的国民党相对抗。该党以黎元洪为理事长，梁启超、汤化龙等为理事。——47。

33 当选国会众议院议长的是汤化龙。——48。

34 指1913年4月26日袁世凯政府与英、德、法、日、俄五国银行团签订的《善后借款合同》。借款总额为2 500万金镑，年息5厘，实收八四折。——48。

35 “印度党”即“东印度党”，是印度尼西亚的印尼-欧洲人（印度尼西亚人和欧洲人混血种）的政党，于1912年组成。因其纲领中反映了要求独立的愿望，成立后立即被荷兰殖民者所取缔。——51。

36 杰尔席莫尔达是俄国作家尼·瓦·果戈理的喜剧《钦差大臣》中的一个愚蠢粗野、动辄用拳头打人的警察，这里用做警察专制制度的代名词。——51。

37 指印度尼西亚的伊斯兰教联盟。该联盟于1912年成立，前身为“伊斯兰商业联合会”。第一次世界大战前夕，联盟发展成为反对殖民统治的群众性组织。——51。

38 1915年10月初（公历），列宁收到了俄国社会民主工党彼得堡委员会托人从俄国寄给他的一批传单和其他反映彼得格勒布尔什维克工作情况的材料。《社会民主党人报》利用这些材料，于1915年10月13日出版了第47号，专门报道布尔什维克在彼得格勒的工作情况。《几个要点》

一文就是列宁为这一号报纸写的按语。列宁在 1915 年 10 月 6 日给维·阿·卡尔宾斯基的信中曾谈到出版这一号报纸的问题(见《列宁全集》中文第 2 版增订版第 47 卷第 167 号文献)。

列宁仔细研究了这批材料。他为从彼得格勒寄来的传单编了目录,标明顺序号码、出版日期、署名和印刷方法。他把传单上的口号单列一栏。最后一栏用来记载"主要论点的内容"。列宁在许多传单上作了批语,并在另外一张纸上写下了对一些传单的意见。列宁还审阅了娜·康·克鲁普斯卡娅写的《俄国社会民主工党彼得堡委员会在战争期间的传单》一文,该文也刊载于《社会民主党人报》第 47 号。——55。

39 《帝国主义是资本主义的最高阶段(通俗的论述)》一书是列宁在 1916 年上半年写的。1915 年,根据马·高尔基的倡议,刚刚在彼得格勒成立的孤帆出版社准备出版一套题为《战前和战时的欧洲》的通俗丛书,并委托在巴黎的米·尼·波克罗夫斯基编辑这套丛书。1915 年 11 月,波克罗夫斯基约请列宁撰写这套丛书中带导言性质即关于帝国主义的一种,列宁接受了这一建议。

列宁很早就注意到了资本主义发展中的新现象。他在 1895—1913 年写的一系列著作如《社会民主党纲领草案及其说明》(1895—1896)、《对华战争》(1900)、《危机的教训》(1901)、《内政评论》(1901)、《马克思主义和修正主义》(1908)、《俄国的生产集中》(1912)、《关于工人代表的某些发言问题》(1912)、《马克思学说的历史命运》(1913)、《落后的欧洲和先进的亚洲》(1913)、《资本主义财富的增长》(1913)中都揭示和分析了帝国主义时代所具有的个别特征。他还非常注意论述资本主义的最新书籍的出版,曾写关于约·阿·霍布森的《现代资本主义的演进》一书的书评(见《列宁全集》中文第 2 版增订版第 4 卷第 135—137 页),并在 1904 年 8 月着手翻译霍布森的《帝国主义》一书(译稿目前尚未找到)。第一次世界大战爆发后,出于领导革命斗争的需要,他从 1915 年中开始,在伯尔尼集中力量认真研究有关帝国主义的问题。他从 148 本书籍(德文书 106 本,法文书 23 本,英文书 17 本和俄文译本 2 本)和刊登在 49 种不同的期刊(德文 34 种,法文 7 种,英文 8 种)上的 232 篇文章(德文 206 篇,法文 13 篇,英文 13 篇)中作了共约 50 个印张的摘录、提要、笔记等等(这些资料于 1939 年用《关于帝国主义的笔记》

的书名在苏联首次出版，见《列宁全集》中文第2版增订版第54卷）。列宁研究、检验和科学地分析了浩瀚的实际资料，为写作《帝国主义是资本主义的最高阶段》一书作了准备。

1916年1月，列宁在伯尔尼开始撰写《帝国主义是资本主义的最高阶段》一书。2月列宁移居苏黎世，继续研究帝国主义问题和撰写此书。他除了利用苏黎世州立图书馆的藏书外，还从其他城市借阅一些书籍。1916年6月19日（7月2日）《帝国主义是资本主义的最高阶段》一书完稿，列宁把手稿挂号寄给了波克罗夫斯基。这份稿子未被波克罗夫斯基收到，只得由娜·康·克鲁普斯卡娅重抄一份寄去。在此期间，出版社曾要求把手稿由原来议定的5印张压缩为3印张，被列宁拒绝。

高尔基在1916年9月29日给波克罗夫斯基的信里说，列宁的这本书"的确很出色"，可单独出版。然而孤帆出版社编辑部中的孟什维克却对列宁的书稿作了不少修改，如删去了对卡·考茨基和尔·马尔托夫的尖锐批评，把列宁原用的"发展成为"一词（资本主义发展成为资本帝国主义）改为"变成"，"反动性"一词（"超帝国主义"论的反动性）改为"落后性"等等。1916年11月，《年鉴》杂志以《最新资本主义》这一书名刊登了该书的出版预告。1917年中，这本书在彼得格勒用《帝国主义是资本主义的最新阶段（通俗的论述）》的书名由生活和知识出版社第一次印成单行本，书中附有列宁回国后于1917年4月26日写的序言。列宁1920年7月为本书法文版和德文版写的序言，对本书内容作了一些重要的概括和补充。

1935年，本书首次以《帝国主义是资本主义的最高阶段》为书名并按照列宁手稿全文刊印于《列宁全集》俄文第2、3版第19卷。

在我国，《帝国主义是资本主义的最高阶段》一书早在1925年2月就出版过以《帝国主义浅说》为书名的中译文单行本。——56。

40 指八国联军镇压中国义和团起义和帝国主义列强强迫清政府签订辛丑条约（辛丑议定书）。该条约于1901年9月7日由清政府全权代表奕劻和李鸿章同英、美、俄、德、日、奥、法、意、西、荷、比11个国家的代表在北京签订。——57。

41 指1898年9月英、法两国殖民军队在法索达（位于苏丹南部，现名科多克）武装对峙的事件。这一冲突是由英、法两国争夺非洲殖民地的斗争引起的。英国为巩固自己在埃及的统治，以最后通牒方式要求法军撤离法索达。法国因处境不利，又恐在对英作战时德国乘机进攻，被迫于1899年3月21日同英国签订了放弃尼罗河上游的协定，但它也取得了乍得湖和过去双方一直有争议的瓦达伊地区作为补偿。——59。

42 指1756—1763年以英国、普鲁士、汉诺威为一方和以法国、俄国、奥地利、萨克森、瑞典、西班牙为另一方在欧洲、美洲、印度和海上进行的战争，史称七年战争。这次战争的结果之一是，英国获得了法属北美殖民地并确立了在印度的优势，成为海上霸主。——62。

43 指1775—1783年美国独立战争，是13个英属北美殖民地推翻英国殖民统治、争取民族独立的战争。——62。

44 组委会分子是指俄国孟什维克组织委员会的拥护者。

组织委员会（组委会）是1912年在取消派的八月代表会议上成立的俄国孟什维克的领导中心。第一次世界大战期间，组委会采取社会沙文主义立场，站在沙皇政府方面为战争辩护。组委会先后出版过《我们的曙光》、《我们的事业》、《事业》、《工人晨报》、《晨报》等报刊。1917年8月孟什维克党选出中央委员会以后，组委会的职能即告终止。除了在俄国国内活动的组委会外，在国外还有一个组委会国外书记处。这个书记处由帕·波·阿克雪里罗得、伊·谢·阿斯特罗夫-波韦斯、尔·马尔托夫、亚·萨·马尔丁诺夫和谢·尤·谢姆柯夫斯基组成，持和中派相近的立场，实际上支持俄国的社会沙文主义者。书记处的机关报是《俄国社会民主工党组织委员会国外书记处通报》，1915年2月—1917年3月在日内瓦出版，共出了10号。——65。

45 号召派是指聚集在《号召报》周围的撰稿人和拥护者。《号召报》是俄国孟什维克和社会革命党人的机关报（周报），1915年10月—1917年3月在巴黎出版。领导人有格·瓦·普列汉诺夫、格·阿·阿列克辛斯基、伊·布纳柯夫、尼·德·阿夫克森齐耶夫等。第一次世界大战期间持极端社会沙文主义立场。——68。

46 这个报告是1917年1月9日（22日）列宁在苏黎世民众文化馆用德语向瑞士青年工人作的。为准备这个报告，列宁曾于1916年12月7日

（20 日）写信给当时住在日内瓦的维·阿·卡尔宾斯基，向他索取所需要的参考书（见《列宁全集》中文第 2 版增订版第 47 卷第 352 号文献）。《列宁全集》中文第 2 版增订版第 28 卷《附录》中载有这个报告的提纲。报告的其他准备材料，参看《列宁文稿》人民出版社版第 14 卷第 227—231 页。——71。

47 这是有关俄国社会民主工党（布）彼得格勒市代表会议的一组文献。

俄国社会民主工党（布）彼得格勒市代表会议是根据俄国社会民主工党彼得堡委员会 1917 年 4 月 6 日（19 日）的决定召开的，于同年 4 月 14—22 日（4 月 27 日—5 月 5 日）举行。出席会议的代表共 57 名，其中包括芬兰、爱沙尼亚、拉脱维亚、波兰和立陶宛的组织的代表，军事组织的代表以及两名区联派代表。列入会议议程的问题有：当前任务——目前形势；关于对工兵代表苏维埃的态度和工兵代表苏维埃的改组；党组织的建设；对其他各派社会民主党人的态度；市政选举；关于对《真理报》的攻击。列宁被选为代表会议的名誉主席，作了《关于目前形势和对临时政府的态度的报告》，参加了关于对临时政府的态度和关于战争这两个决议案的起草委员会，提出了关于市政选举的决议案和关于对社会革命党、社会民主党（孟什维克）、一批所谓“无派别”社会民主党人以及诸如此类的政治流派的态度的决议案。

在代表会议讨论对临时政府的态度问题的决议案时，列·波·加米涅夫提出修正案，坚持监督临时政府的错误主张。列宁批评了这种意见，认为它是妥协派的主张，是齐赫泽和斯切克洛夫的政策。代表会议以压倒多数通过了列宁的决议案。

由于爆发了抗议临时政府 4 月 18 日（5 月 1 日）照会的群众运动，会议于 4 月 19 日（5 月 2 日）休会。代表会议作出决定，号召工人和士兵支持 4 月 20 日（5 月 3 日）俄国社会民主工党（布）中央委员会通过的关于临时政府上述照会引起的危机的决议（见《列宁全集》中文第 2 版增订版第 29 卷第 290—291 页）。代表们分赴工厂和兵营向群众进行解释。因此，代表会议后来的各次会议不是在全体代表出席的情况下进行的。

彼得格勒市代表会议的各项决议证明，彼得格勒的布尔什维克已经团结在列宁《四月提纲》的周围；列宁的策略得到了最大的党组织即首都党组织的赞同。彼得格勒市代表会议的大部分决议是俄国社会民主工党(布)第七次全国代表会议(四月代表会议)决议的基础。——73。

48 关于战争的决议草案是列宁拟定的,先在 1917 年 4 月 14 日(27 日)彼得格勒市代表会议第一次会议成立的委员会中进行讨论,然后由列宁在 4 月 22 日(5 月 5 日)第四次会议上宣读。会议通过了这个草案,作为向俄国社会民主工党(布)第七次全国代表会议(四月代表会议)提出的决议案定稿的基础。——73。

49 这是列宁在全俄东部各民族共产党组织第二次代表大会上作的关于当前形势的报告。

全俄东部各民族共产党组织第二次代表大会由俄共(布)中央东部各民族共产党组织中央局召开,于 1919 年 11 月 22 日—12 月 3 日在莫斯科举行。出席代表大会的有 71 名有表决权的代表和 11 名有发言权的代表。在代表大会开幕的前一天,曾由列宁主持召开了有俄共(布)中央委员和一部分代表参加的预备会议。代表大会听取了东部各民族共产党组织中央局的工作报告,各地的报告,中央穆斯林军事委员会和民族事务人民委员部中央穆斯林委员部的报告,以及关于国家组织问题和党的问题、关于东部妇女工作、青年工作等小组的报告并讨论了鞑靼—巴什基尔问题。代表大会规定了东部党的工作和苏维埃工作的任务,选出了俄共(布)中央东部各民族共产党组织中央局。——75。

50 《民族和殖民地问题提纲初稿》是列宁为共产国际第二次代表大会起草的文件之一,写于 1920 年 6 月 5 日。当天列宁将它寄给了斯大林、格·瓦·契切林、尼·尼·克列斯廷斯基、莫·格·拉费斯、叶·阿·普列奥布拉任斯基、帕·路·拉品斯基等征求意见。对寄来的某些不正确的意见,列宁明确表示不同意。例如,契切林没有很好考虑列宁关于对资产阶级和农民要加以区别的意见,对此列宁写道:"我的提纲**更**强调同**农民**的联盟(而这并**不完全**=资产阶级)。"普列奥布拉任斯基在意见中谈到未来社会主义欧洲各共和国同经济上落后的附属国之间的关系时说:"如果不能同这些民族的领导集团达成经济协议,那么用强力镇压它们和用强制手段把经济上重要的地区并入欧洲共和国联盟就在所难免。”对此，列宁写道：“说得太过分了。‘用强力镇压’‘在所难免’之说是缺乏根据的和不正确的，完全不对。”

提纲初稿由代表大会的民族和殖民地问题委员会略加修改，交共产国际第二次代表大会讨论。提纲于 1920 年 7 月 28 日被代表大会通过。——80。

51 凡尔赛和约即第一次世界大战后英、法、意、日等国对德和约，于 1919 年 6 月 28 日在巴黎郊区凡尔赛宫签订。和约的主要内容是，德国将阿尔萨斯—洛林归还法国，萨尔煤矿归法国；德国的殖民地由英、法、日等国瓜分；德国向美、英、法等国交付巨额赔款；德国承认奥地利独立；限制德国军备，把莱茵河以东 50 公里的地区划为非军事区。中国虽是战胜国，但和约却把战前德国在山东的特权交给了日本。这种做法遭到了中国人民的强烈反对，中国代表因而没有在和约上签字。列宁认为凡尔赛和约“是一个闻所未闻的、掠夺性的和约，它把亿万人，其中包括最文明的一部分人，置于奴隶地位”（见《列宁全集》中文第 2 版增订版第 39 卷第 394 页）。——82。

52 指布列斯特和约。

布列斯特和约是 1918 年 3 月 3 日苏维埃俄国在布列斯特-里托夫斯克同德国、奥匈帝国、保加利亚和土耳其签订的条约，3 月 15 日经全俄苏维埃第四次（非常）代表大会批准。和约共 14 条，另有一些附件。根据和约，苏维埃共和国同四国同盟之间停止战争状态。波兰、立陶宛全部、白俄罗斯和拉脱维亚部分地区脱离俄国。苏维埃俄国应从拉脱维亚和爱沙尼亚撤军，由德军进驻。德国保有里加湾和蒙海峡群岛。苏维埃军队撤离乌克兰、芬兰和奥兰群岛，并把阿尔达汉、卡尔斯和巴统各地区让与土耳其。苏维埃俄国总共丧失 100 万平方公里土地（含乌克兰）。此外，苏维埃俄国必须复员全部军队，承认乌克兰中央拉达同德国及其盟国缔结的和约，并须同中央拉达签订和约和确定俄国同乌克兰的边界。布列斯特和约恢复了对苏维埃俄国极其不利而对德国有利的 1904 年的关税税率。1918 年 8 月 27 日在柏林签订了俄德财政协定，规定俄国必须以各种形式向德国交付 60 亿马克的赔款。布列斯特和约是当时刚建立的苏维埃政权为了摆脱帝国主义战争，集中力量巩固十月革命取得的胜利而实行的一种革命的妥协。这个和约的签订,虽然使苏维埃俄国受到割地赔款的巨大损失,但是没有触动十月革命的根本成果,并为年轻的苏维埃共和国赢得了和平喘息时机去巩固无产阶级专政,整顿国家经济和建立正规红军,为后来击溃白卫军和帝国主义的武装干涉创造了条件。1918 年德国十一月革命推翻了威廉二世的政权。1918 年 11 月 13 日,全俄中央执行委员会宣布废除布列斯特和约。——82、104。

53 *匈牙利苏维埃共和国*　1918 年 10 月 30 日深夜匈牙利爆发了革命。资产阶级的自由主义激进派政党和社会民主党组成了联合政府。这个政府没有能力应付内部和外部困难,于 1919 年 3 月 20 日辞职,并建议由社会民主党单独组织政府。但是在当时革命危机尖锐化的形势下,社会民主党的领袖们不敢成立没有共产党参加的政府,不得不同当时还在狱中的匈牙利共产党领导人进行谈判。结果,双方签订了建立苏维埃政权的协议,同时决定两党在共产主义原则基础上和承认无产阶级专政的条件下合并,改称匈牙利社会党。3 月 21 日,匈牙利苏维埃共和国宣告成立,匈牙利第一届苏维埃政府——革命政府委员会组成,社会民主党人加尔拜·山多尔任主席,匈牙利共产党领袖库恩·贝拉任外交人民委员。

匈牙利苏维埃政权采取了一系列革命措施,如实行工业企业、运输业、银行的国有化和对外贸易的垄断,没收地主土地建立大农场,把职工的平均工资提高 25%,实行八小时工作制等等,并为保卫共和国建立了红军。但匈牙利苏维埃政权也犯了一些错误,特别是没有满足无地少地农民对土地的要求,因而未能建立起巩固的工农联盟。协约国帝国主义者从 4 月起利用罗马尼亚和捷克斯洛伐克的军队对匈牙利苏维埃共和国进行武装干涉,并对它实行经济封锁。在困难局势下,右派社会民主党人背叛革命,在军队和后方加紧破坏活动,并在维也纳同协约国代表进行谈判。他们以匈牙利苏维埃共和国政府妨碍同协约国缔结和约和解除封锁为借口逼它辞职。1919 年 8 月 1 日,匈牙利革命政府委员会被迫辞职。匈牙利苏维埃共和国存在了 134 天,就在国内外反革命势力的夹击下被扼杀。——83。

54 *芬兰苏维埃共和国*是指 1918 年芬兰革命后成立的芬兰社会主义工人共和国。芬兰革命于 1918 年 1 月在芬兰南部工业地区爆发。1918 年 1

月 27 日夜，芬兰赤卫队占领了芬兰首都赫尔辛福斯，资产阶级的斯温胡武德政府被推翻。1 月 28 日，工人们建立了芬兰革命政府——人民代表委员会。参加革命政府的有库·曼纳、奥·库西宁、尤·西罗拉等人。国家政权的基础是由工人选出的工人组织议会。芬兰革命政府在斗争初期还没有明确的社会主义纲领，主要着眼解决资产阶级民主革命的任务，但这一革命从性质上说是社会主义革命。革命政府的最主要的措施是：将一部分工商企业和大庄园收归国有；把芬兰银行收归政府管理，并建立对私营银行的监督；建立工人对企业的监督；将土地无偿地交给佃农。芬兰这次无产阶级革命只是在芬兰南部取得了胜利。斯温胡武德政府在芬兰北部站稳了脚跟后，集结了一切反革命力量，在德国政府的援助下向革命政权发动进攻。由于德国的武装干涉，芬兰革命经过激烈的内战以后于 1918 年 5 月初被镇压下去。——83。

55　在拉脱维亚无产阶级和农民奋起反对德国占领军和乌尔曼尼斯资产阶级临时政府的斗争高潮中，1918 年 12 月 17 日，以彼·伊·斯图契卡为主席的拉脱维亚临时苏维埃政府发布宣言，宣布拉脱维亚的全部政权归苏维埃。12 月 22 日，苏维埃俄国人民委员会宣布承认苏维埃拉脱维亚独立。拉脱维亚各地纷纷起义。到 1919 年 1 月底，拉脱维亚全境除利耶帕亚外都已解放。1 月 13—15 日，在里加举行了全拉脱维亚苏维埃第一次代表大会。大会通过宪法，宣布拉脱维亚为社会主义苏维埃共和国，选举了拉脱维亚中央执行委员会，并制定了社会主义改造的纲领。苏维埃政府没收了地主的土地，将银行和大企业收归国有。1919 年 3 月，在美英帝国主义的支持下，德国军队和白卫军向苏维埃拉脱维亚大举进攻。5 月首都里加陷落。1920 年 1 月初拉脱维亚全境为干涉军占领。拉脱维亚苏维埃共和国被颠覆。——83。

56　这是有关共产国际第二次代表大会的一组文献。

共产国际第二次代表大会于 1920 年 7 月 19 日—8 月 7 日举行（开幕式在彼得格勒举行，以后的会议从 7 月 23 日起在莫斯科举行）。出席大会的有来自 37 个国家的 67 个组织（其中有 27 个共产党）的 217 名代表。法国社会党和德国独立社会民主党派代表列席大会，有发言权。代表大会的全部筹备工作是在列宁的领导下进行的。他在会前写的《共产主义运动中的“左派”幼稚病》一书对规定共产国际的任务和制定共产国际的政治路线起了重要的作用。列宁以俄共(布)代表团成员身份出席大会,被选入了主席团。

代表大会的议程包括:国际形势和共产国际的基本任务;共产党在无产阶级夺取政权以前和以后的作用和结构;工会和工厂委员会;议会斗争问题;民族和殖民地问题;土地问题;对新中派的立场和加入共产国际的条件;共产国际章程;组织问题(合法与不合法组织、妇女组织等等);青年共产主义运动;选举;其他事项。为了预先审议议程上的重大问题,在7月24日举行的大会第3次全体会议上成立了6个委员会:工会运动委员会、议会斗争委员会、土地问题委员会、国际形势和共产国际任务委员会、民族和殖民地问题委员会、制定加入共产国际的条件的委员会。列宁在代表大会上作了关于国际形势和共产国际的基本任务的报告、民族和殖民地委员会的报告,就共产党的作用、议会斗争等问题发了言,并积极参加了大多数委员会的工作。

代表大会将列宁起草的《关于共产国际第二次代表大会的基本任务的提纲》作为大会决议予以批准。在民族和殖民地问题上,代表大会通过了以列宁的初稿为基础的《民族和殖民地问题提纲》和《民族和殖民地问题补充提纲》。在土地问题上,代表大会通过了以列宁提纲为基础的决议。代表大会非常注意共产党争取和领导劳动群众的问题,它谴责了左倾学理主义,通过了《共产党和议会斗争》、《工会运动、工厂委员会和第三国际》等决议。代表大会通过的《共产党在无产阶级革命中的作用》的决议指出:共产党是工人阶级解放的主要的和基本的武器;共产党的作用在工人阶级夺得政权以后不但没有缩小,相反还无比地增大了。代表大会通过的《加入共产国际的条件》这一文件对于在革命纲领基础上巩固共产党和防止机会主义的和中派的政党钻入共产国际具有重大的作用。代表大会还批准了共产国际的章程,通过了《共产国际第二次代表大会宣言》和一系列号召书。

共产国际第二次代表大会奠定了共产国际的纲领的、策略的和组织的基础,对发展国际共产主义运动具有重大意义。——88。

57 “基尔特”社会主义者(“基尔特”是拉丁语“gilda”一词的音译,意为“行会”)是20世纪初在英国工人运动中出现的改良主义派别,创始人是费边社成员乔·科尔、阿·约·彭蒂等。1914年,该派建立了“基尔特”

全国联盟，制定了“基尔特”社会主义的纲领。“基尔特”社会主义者否认国家的阶级性，在工人中散布可以不通过阶级斗争而摆脱剥削的幻想。他们提出在现有工联的基础上由工人、工程技术人员按行业组成“基尔特”来管理工业生产，实行“产业民主”、“产业自治”，并由国家来负责产品分配和保证全民的消费，认为这样一来就能和平地消灭资本主义，使劳动者得到解放。俄国十月社会主义革命后，“基尔特”社会主义者为了同阶级斗争和无产阶级专政的思想相对抗，特别起劲地宣传他们的理论。20 年代，“基尔特”社会主义的影响逐渐消失。——89。

58 这是列宁代表民族和殖民地问题委员会所作的报告。

民族和殖民地问题委员会是共产国际第二次代表大会成立的，由英国、奥地利、保加利亚、匈牙利、德国、荷兰、印度、印度尼西亚、伊朗、爱尔兰、中国、朝鲜、墨西哥、俄国、美国、土耳其、法国、南斯拉夫等国的代表共 20 人组成。委员会于 1920 年 7 月 25 日讨论了列宁起草的民族和殖民地问题提纲，对提纲稍作修改，于 7 月 26 日提交大会审议。提纲经代表大会第 4 次和第 5 次全体会议讨论后，于 7 月 28 日通过。此外，委员会和代表大会全体会议还讨论和通过了马·纳·罗易的补充提纲。——91。

59 琼果主义即极端沙文主义。19 世纪 70 年代俄土战争期间，在英国流行过一首好战的军国主义歌曲，其歌词中反复出现“by Jingo”（“Jingo”一词音译“琼果”）一语，意即“以上帝的名义起誓”。“琼果”后来就成了表示极端沙文主义情绪的专用名词。——96。

60 巴塞尔宣言即 1912 年 11 月 24—25 日在巴塞尔举行的国际社会党非常代表大会一致通过的《国际局势和社会民主党反对战争危险的统一行动》决议，德文本称《国际关于目前形势的宣言》。宣言谴责了各国资产阶级政府的备战活动，揭露了即将到来的战争的帝国主义性质，号召各国人民起来反对帝国主义战争。宣言斥责了帝国主义的扩张政策，号召社会党人为反对一切压迫小民族的行为和沙文主义的表现而斗争。宣言写进了 1907 年斯图加特代表大会决议中列宁提出的基本论点：帝国主义战争一旦爆发，社会党人就应该利用战争所造成的经济危机和政治危机，来加速资本主义的崩溃，进行社会主义革命。——96。

61 这是列宁为庆祝《真理报》创刊十周年而写的文章。

《真理报》(«Правда»)是俄国布尔什维克的合法报纸(日报),根据俄国社会民主工党第六次(布拉格)全国代表会议的决定创办,1912 年 4 月 22 日(5 月 5 日)起在彼得堡出版。《真理报》是群众性的工人报纸,依靠工人自愿捐款出版,拥有大批工人通讯员和工人作者(它在两年多时间内就刊载了 17 000 多篇工人通讯),同时也是布尔什维克党的实际上的机关报。《真理报》编辑部还担负着党的很大一部分组织工作,如约见基层组织的代表,汇集各工厂党的工作的情况,转发党的指示等。在不同时期参加《真理报》编辑部工作的有斯大林、雅·米·斯维尔德洛夫、尼·尼·巴图林、维·米·莫洛托夫、米·斯·奥里明斯基、康·斯·叶列梅耶夫、米·伊·加里宁、尼·伊·波德沃伊斯基、马·亚·萨韦利耶夫、尼·阿·斯克雷普尼克、马·康·穆拉诺夫等。第四届国家杜马的布尔什维克代表积极参加了《真理报》的工作。列宁在国外领导《真理报》,他筹建编辑部,确定办报方针,组织撰稿力量,并经常给编辑部以工作指示。1912—1914 年,《真理报》刊登了 300 多篇列宁的文章。

《真理报》经常受到沙皇政府的迫害。仅在创办的第一年,编辑们就被起诉过 36 次,共坐牢 48 个月。1912—1914 年出版的总共 645 号报纸中,就有 190 号受到种种阻挠和压制。报纸被查封 8 次,每次都变换名称继续出版。1913 年先后改称《工人真理报》、《北方真理报》、《劳动真理报》、《拥护真理报》;1914 年相继改称《无产阶级真理报》、《真理之路报》、《工人日报》、《劳动的真理报》。1914 年 7 月 8 日(21 日),即在第一次世界大战前夕,沙皇政府下令禁止《真理报》出版。

1917 年二月革命后,《真理报》于 3 月 5 日(18 日)复刊,成为俄国社会民主工党中央委员会和彼得堡委员会的机关报。列宁于 4 月 3 日(16 日)回到俄国,5 日(18 日)就加入了编辑部,直接领导报纸工作。1917 年七月事变中,《真理报》编辑部于 7 月 5 日(18 日)被士官生捣毁。7 月 15 日(28 日),资产阶级临时政府正式下令查封《真理报》。7—10 月,该报不断受到资产阶级临时政府的迫害,先后改称《〈真理报〉小报》、《无产者报》、《工人日报》、《工人之路报》。1917 年 10 月 27 日(11 月 9 日),《真理报》恢复原名,继续作为俄国社会民主工党中央委员会的机关报出版。1918 年 3 月 16 日起,《真理报》改在莫斯科出版。——97—100。

62 《火星报》(«Искра»)是第一个全俄马克思主义的秘密报纸,由列宁创办。创刊号于1900年12月在莱比锡出版,以后各号的出版地点是慕尼黑、伦敦(1902年7月起)和日内瓦(1903年春起)。参加《火星报》编辑部的有:列宁、格·瓦·普列汉诺夫、尔·马尔托夫、亚·尼·波特列索夫、帕·波·阿克雪里罗得和维·伊·查苏利奇。编辑部的秘书起初是因·格·斯米多维奇,1901年4月起由娜·康·克鲁普斯卡娅担任。列宁实际上是《火星报》的主编和领导者。他在《火星报》上发表了许多文章,阐述有关党的建设和俄国无产阶级的阶级斗争的基本问题,并评论国际生活中的重大事件。

《火星报》在国外出版后,秘密运往俄国翻印和传播。《火星报》成了团结党的力量、聚集和培养党的干部的中心。在俄国许多城市成立了俄国社会民主工党列宁火星派的小组和委员会。1902年1月在萨马拉举行了火星派代表大会,建立了《火星报》俄国组织常设局。

《火星报》在建立俄国马克思主义政党方面起了重大的作用。在列宁的倡议和亲自参加下,《火星报》编辑部制定了党纲草案,筹备了俄国社会民主工党第二次代表大会。这次代表大会宣布《火星报》为党的中央机关报。

根据俄国社会民主工党第二次代表大会的决议,《火星报》编辑部改由列宁、普列汉诺夫、马尔托夫三人组成。但是马尔托夫坚持保留原来的六人编辑部,拒绝参加新的编辑部,因此《火星报》第46—51号是由列宁和普列汉诺夫二人编辑的。后来普列汉诺夫转到了孟什维主义的立场上,要求把原来的编辑都吸收进编辑部,列宁不同意这样做,于1903年10月19日(11月1日)退出了编辑部。《火星报》第52号是由普列汉诺夫一人编辑的。1903年11月13日(26日),普列汉诺夫把原来的编辑全部增补进编辑部以后,《火星报》由普列汉诺夫、马尔托夫、阿克雪里罗得、查苏里奇和波特列索夫编辑。因此,从第52号起,《火星报》变成了孟什维克的机关报。人们将第52号以前的《火星报》称为旧《火星报》,而把孟什维克的《火星报》称为新《火星报》。

1905年5月第100号以后,普列汉诺夫退出了编辑部。《火星报》于1905年10月停刊,最后一号是第112号。——98。

63 指俄国社会民主工党第二次代表大会。

俄国社会民主工党第二次代表大会于1903年7月17日(30日)—8月10日(23日)召开。7月24日(8月6日)前,代表大会在布鲁塞尔开了13次会议。后因比利时警察将一些代表驱逐出境,代表大会移至伦敦,继续开了24次会议。

代表大会是《火星报》筹备的。列宁为代表大会起草了一系列文件,并详细拟定了代表大会的议程和议事规程。出席代表大会的有43名有表决权的代表,他们代表着26个组织(劳动解放社、《火星报》组织、崩得国外委员会和中央委员会、俄国革命社会民主党人国外同盟、国外俄国社会民主党人联合会以及俄国社会民主党的20个地方委员会和联合会),共有51票表决权(有些代表有两票表决权)。出席代表大会的有发言权的代表共14名。代表大会的成分不一,其中有《火星报》的拥护者,也有《火星报》的反对者以及不坚定的动摇分子。

列入代表大会议程的问题共有20个:1. 确定代表大会的性质。选举常务委员会。确定代表大会的议事规程和议程。组织委员会的报告和选举审查代表资格和决定代表大会组成的委员会。2. 崩得在俄国社会民主工党内的地位。3. 党纲。4. 党的中央机关报。5. 代表们的报告。6. 党的组织(党章问题是在这项议程下讨论的)。7. 区组织和民族组织。8. 党的各独立团体。9. 民族问题。10. 经济斗争和工会运动。11. 五一节的庆祝活动。12. 1904年阿姆斯特丹国际社会党代表大会。13. 游行示威和起义。14. 恐怖手段。15. 党的工作的内部问题:(1)宣传工作,(2)鼓动工作,(3)党的书刊工作,(4)农民中的工作,(5)军队中的工作,(6)学生中的工作,(7)教派信徒中的工作。16. 俄国社会民主工党对社会革命党人的态度。17. 俄国社会民主工党对俄国各自由主义派别的态度。18. 选举党的中央委员会和中央机关报编辑部。19. 选举党总委员会。20. 代表大会的决议和记录的宣读程序,以及选出的负责人和机构开始行使自己职权的程序。有些问题没有来得及讨论。

列宁被选入了常务委员会,主持了多次会议,几乎就所有问题发了言。他还是纲领委员会、章程委员会和代表资格审查委员会的委员。

代表大会要解决的最重要的问题是:批准党纲、党章以及选举党的中央领导机关。列宁及其拥护者在大会上同机会主义者展开了坚决的斗争。代表大会否决了机会主义分子要按照西欧各国社会民主党的纲领的精神来修改《火星报》编辑部制定的纲领草案的一切企图。大会先逐条讨论和通过党纲草案,然后由全体代表一致通过整个纲领(有1票弃权)。在讨论党章时,会上就建党的组织原则问题展开了尖锐的斗争。由于得到了反火星派和"泥潭派"(中派)的支持,尔·马尔托夫提出的为不坚定分子入党大开方便之门的党章第1条条文,以微弱的多数票为大会所通过。但是代表大会还是基本上批准了列宁制定的党章。

大会票数的划分起初是:火星派33票,"泥潭派"(中派)10票,反火星派8票(3名工人事业派分子和5名崩得分子)。在彻底的火星派(列宁派)和"温和的"火星派(马尔托夫派)之间发生分裂后,彻底的火星派暂时处于少数地位。但是,8月5日(18日),7名反火星派分子(2名工人事业派分子和5名崩得分子)因不同意代表大会的决议而退出了大会。在选举中央机关时,得到反火星派分子和"泥潭派"支持的马尔托夫派(共7人)成为少数派,共有20票(马尔托夫派9票,"泥潭派"10票,反火星派1票),而团结在列宁周围的20名彻底的火星派分子成为多数派,共有24票。列宁及其拥护者在选举中取得了胜利。代表大会选举列宁、马尔托夫和格·瓦·普列汉诺夫为中央机关报《火星报》编委,格·马·克尔日扎诺夫斯基、弗·威·林格尼克和弗·亚·诺斯科夫为中央委员会委员,普列汉诺夫为党总委员会委员。从此,列宁及其拥护者被称为布尔什维克(俄语多数派一词音译),而机会主义分子则被称为孟什维克(俄语少数派一词音译)。

俄国社会民主工党第二次代表大会具有重大的历史意义。列宁说:"布尔什维主义作为一种政治思潮,作为一个政党而存在,是从1903年开始的。"(见《列宁全集》中文第2版增订版第39卷第4页)——98。

64 《论我国革命(评尼·苏汉诺夫的札记)》一文是1923年1月16—17日口授的,评论了著名孟什维克尼·苏汉诺夫的《革命札记》一书第3卷和第4卷(1922年柏林—彼得堡—莫斯科格尔热宾出版社版)。《列宁值班秘书日志》有几次提到这件事(见《列宁全集》中文第2版增订版第43卷第471—472页)。文章由娜·康·克鲁普斯卡娅转交《真理报》编辑部,无标题。标题是报纸编辑部加的。——101。

65 显然是指马克思在1871年4月12日给路·库格曼的信中称赞巴黎人

“具有何等的灵活性”一语(见《马克思恩格斯文集》第10卷第352页)。——101。

66 指1856年4月16日马克思给恩格斯的信中所说的话:“德国的全部问题将取决于是否有可能由某种再版的农民战争来支持无产阶级革命。如果那样就太好了……”(见《马克思恩格斯文集》第10卷第131页)——101。

人 名 索 引

A

阿列克谢耶夫,叶夫根尼·伊万诺维奇(Алексеев,Евгений Иванович 1843—1918)——沙俄海军上将(1903)。1899 年 8 月起任关东总督兼驻军司令和太平洋海军司令,参与镇压义和团起义。1903 年 7 月 30 日出任沙俄驻远东总督。代表尼古拉二世周围的金融投机家和政治冒险家的利益,积极策动 1904—1905 年的日俄战争。交战初期任远东俄国陆海军总司令;因军事上昏庸无能,其职务由阿·尼·库罗帕特金将军接替。此后在政治上不再起重要作用。——18。

B

倍倍尔,奥古斯特(Bebel,August 1840—1913)——德国工人运动和国际工人运动活动家,德国社会民主党和第二国际的创建人和领袖之一,马克思和恩格斯的朋友和战友;旋工出身。19 世纪 60 年代前半期开始参加政治活动,1867 年当选为德国工人协会联合会主席,1868 年该联合会加入第一国际。1869 年与威·李卜克内西共同创建了德国社会民主工党(爱森纳赫派),该党于 1875 年与拉萨尔派合并为德国社会主义工人党,后又改名为德国社会民主党。多次当选国会议员,利用国会讲坛揭露帝国政府反动的内外政策。1870—1871 年普法战争期间持国际主义立场,在国会中投票反对军事拨款,支持巴黎公社,为此曾被捕和被控叛国,断断续续在狱中度过近六年时间。在反社会党人非常法施行时期,领导了党的地下活动和议会活动。19 世纪 90 年代和 20 世纪初同党内的改良主义和修正主义进行斗争,反对伯恩施坦及其拥护者对马克思主义理论的歪曲和庸俗化。是出色的政论家和演说家,对德国和欧洲工人运动的发展有很大影响。马克思和恩格斯高度评价了他的活动。——99。

C

成吉思汗(约 1155—1227)——即元太祖。名铁木真。古代蒙古首领,军事家和政治家。出生于蒙古乞颜部孛儿只斤氏族。12 世纪末 13 世纪初,代表蒙古贵族利益,统一蒙古诸部,1206 年被推为大汗,号成吉思汗,建立了蒙古汗国。制定军事、政治、法律等制度,开始使用文字,从而改变诸部之间长期争战的局面,加强了经济联系,对蒙古社会的发展起了进步作用。即位之后即大举向外扩张。1205—1209 年三次入侵西夏。1211—1215 年两次向金进攻,直到黄河北岸,占领中都(今北京)。1219 年发动蒙古军的第一次西征,版图扩展到中亚地区和南俄。1226 年率兵再次攻西夏,次年在西夏病死。——27。

D

大卫,爱德华(David,Eduard 1863—1930)——德国社会民主党右翼领袖之一,经济学家;德国机会主义者的主要刊物《社会主义月刊》创办人之一。1893 年加入社会民主党。公开修正马克思主义关于土地问题的学说,否认资本主义经济规律在农业中的作用。1903 年出版《社会主义和农业》一书,宣扬小农经济稳固,维护所谓土地肥力递减规律。1903—1918 年和 1920—1930 年为国会议员,社会民主党国会党团领袖之一。第一次世界大战期间是社会沙文主义者;在《世界大战中的社会民主党》(1915)一书中为德国社会民主党右翼在第一次世界大战中的机会主义立场辩护。1919 年 2 月任魏玛共和国国民议会第一任议长。1919—1920 年任内务部长,1922—1927 年任中央政府驻黑森的代表。——69。

G

盖得,茹尔(**巴西尔,马蒂厄**)(Guesde, Jules (Basile, Mathieu) 1845—1922)——法国工人运动和国际工人运动活动家,法国工人党创建人之一,第二国际的组织者和领袖之一。19 世纪 60 年代是资产阶级共和主义者。拥护 1871 年的巴黎公社。公社失败后流亡瑞士和意大利,一度追随无政府主义者。1876 年回国。在马克思和恩格斯影响下逐步转向马克思主义。1877 年 11 月创办《平等报》,宣传社会主义思想,为 1879 年法国工人党的建立作了思想准备。1880 年和拉法格一起在马克思和恩格斯指导下起草了法国工人党纲领。1880—1901 年领导法国工人党,同无政府主义者和可能派进行坚决斗争。1889 年积极参加创建第二国际的活动。1893 年当选为众议员。1899 年反对米勒兰参加资产阶级内阁。1901 年与其拥护者建立了法兰西社会党,该党于 1905 年同改良主义的法国社会党合并,盖得为统一的法国社会党领袖之一。20 世纪初逐渐转向中派立场。第一次世界大战一开始即采取社会沙文主义立场,参加了法国资产阶级政府。1920 年法国社会党分裂后,支持少数派立场,反对加入共产国际。——19、69。

古契柯夫,亚历山大·伊万诺维奇(Гучков,Александр Иванович 1862—1936)——俄国大资本家,十月党的组织者和领袖。1905—1907 年革命期间支持政府镇压工农。1907 年 5 月作为工商界代表被选入国务会议,同年 11 月被选入第三届国家杜马;1910 年 3 月—1911 年 3 月任杜马主席。第一次世界大战期间是中央军事工业委员会主席和国防特别会议成员。1917 年 3—5 月任临时政府陆海军部长。同年 8 月参与策划科尔尼洛夫叛乱。十月革命后反对苏维埃政权,1918 年起为白俄流亡分子。——73。

H

哈第,詹姆斯·基尔(Hardie,James Keir 1856—1915)——英国工人运动活动家,改良主义者,独立工党领袖和创建人之一;职业是矿工。从 19 世纪 70 年代起参加工会运动。1887 年出版《矿工》杂志(后改名为《工人领袖》)。1888 年创建苏格兰工党,1893 年创建独立工党。1892 年作为"独立的"工人候选人被选入议会,执行同资产阶级政党代表妥协的政策。第一次世界大战初期持中派立场,后公开倒向社会沙文主义者。——27。

海德门,亨利·迈尔斯(Hyndman,Henry Mayers 1842—1921)——英国社会党人。1881 年创建民主联盟(1884 年改组为社会民主联盟),担任领导职务,直至 1892 年。曾同法国可能派一起夺取 1889 年巴黎国际工人代表大会的领导权,但未能得逞。1900—1910 年是社会党国际局成员。1911 年参与创建英国社会党,领导该党机会主义派。第一次世界大战期间是社会沙文主义者。1916 年英国社会党代表大会谴责他的社会沙文主义立场后,退出社会党。敌视俄国十月革命,赞成武装干涉苏维埃俄国。——19。

韩德逊,阿瑟(Henderson,Arthur 1863—1935)——英国工党和工会运动领袖之一。1903 年起为议员,1908—1910 年和 1914—1917 年任工党议会党团主席,1911—1934 年任工党书记。第一次世界大战期间是社会沙文主义者。1915—1917 年先后参加阿斯奎斯政府和劳合-乔治政府,任教育大臣、邮政大臣和不管部大臣等职。俄国 1917 年二月革命后到俄国鼓吹继续进行战争。1919 年参与组织伯尔尼国际。1923 年起任社会主义工人国际执行委员会主席。1924 年和 1929—1931 年两次参加麦克唐纳政府,先后任内务大臣和外交大臣。——99。

赫尔岑,亚历山大·伊万诺维奇(Герцен, Александр Иванович 1812—1870)——俄国革命民主主义者,作家和哲学家。在十二月党人的影响下走上革命道路。1829—1833 年在莫斯科大学求学期间领导革命小组。1834 年被捕,度过六年流放生活。1842 年起是莫斯科西欧主义者左翼的领袖,写有《科学中华而不实的作风》(1842—1843)、《自然研究通信》(1844—1845)等哲学著作和一些抨击农奴制度的小说。1847 年流亡国外。欧洲 1848 年革命失败后,对欧洲革命失望,创立"俄国社会主义"理论,成为民粹主义创始人之一。1853 年在伦敦建立自由俄国印刷所,印发革命传单和小册子,1855 年开始出版《北极星》文集,1857—1867 年与尼·普·奥格辽夫出版《钟声》杂志,揭露沙皇专制制度,进行革命宣传。在 1861 年农民改革的准备阶段曾一度摇摆。1861 年起坚定地站到革命民主主义方面,协助建立土地和自由社。晚年关注第一国际的活动。列宁在《纪念赫尔岑》(1912)一文中评价了他在俄国解放运动史上的作用。——34。

霍布森,约翰·阿特金森(Hobson,John Atkinson 1858—1940)——英国经济学家,资产阶级改良主义者和和平主义者。著有《贫困问题》(1891)、《现代资本主义的演进》(1894)、《帝国主义》(1902)等书。用大量材料说明了帝国主义的经济和政治特征,但没有揭示出帝国主义的本质,认为帝国主义仅仅是一种政策的产物,只要改进收入的分配、提高居民的消费能力,经济危机就可以消除,争夺海外投资市场也就没有必要,帝国主义就可以避免。还幻想只要帝国主义采取联合原则,形成所谓国际帝国主义,就能消除帝国主义之间的矛盾,达到永久和平。晚年支持反法西斯主义的民主力量。——56。

J

加利费,加斯东·亚历山大·奥古斯特(Galliffet, Gaston-Alexandre-Auguste 1830—1909)——法国将军,法国一系列战争的参加者,镇压1871年巴黎公社的刽子手。1870—1871年普法战争期间在色当被俘,1871年3月被放回参与镇压巴黎公社。曾指挥凡尔赛军骑兵旅,滥杀公社战士。1872年残酷镇压了阿尔及利亚的阿拉伯人起义。以后担任多种军事要职,1899—1900年任瓦尔德克-卢梭内阁陆军部长。——29。

K

考茨基,卡尔(Kautsky, Karl 1854—1938)——德国社会民主党和第二国际的领袖和主要理论家之一。1875年加入奥地利社会民主党,1877年加入德国社会民主党。1881年与马克思和恩格斯相识后,在他们的影响下逐渐转向马克思主义。从19世纪80年代到20世纪初写过一些宣传和解释马克思主义的著作:《卡尔·马克思的经济学说》(1887)、《土地问题》(1899)等。但在这个时期已表现出向机会主义方面摇摆,在批判伯恩施坦时作了很多让步。1883—1917年任德国社会民主党理论刊物《新时代》杂志主编。曾参与起草1891年德国社会民主党纲领(爱尔福特纲领)。1910年以后逐渐转到机会主义立场,成为中派领袖。第一次世界大战前夕提出超帝国主义论,大战期间打着中派旗号支持帝国主义战争。1917年参与建立德国独立社会民主党,1922年拥护该党右翼与德国社会民主党合并。1918年后发表《无产阶级专政》等书,攻击俄国十月革命,反对无产阶级专政。——56—60、65、69、104。

克列孟梭,若尔日(Clemenceau, Georges 1841—1929)——法国国务活动家。第二帝国时期属左翼共和派。1871年巴黎公社时期任巴黎第十八区区长,力求使公社战士与凡尔赛分子和解。1876年起为众议员,80年代初成为激进派领袖,1902年起为参议员。1906年3—10月任内务部长,1906年10月—1909年7月任总理。维护大资产阶级利益,镇压工人运动和民主运动。第一次世界大战期间是沙文主义者。1917—1920年再度任总理,在国内建立军事专制制度,积极策划和鼓吹经济封锁和武装干涉苏维埃俄国。1919—1920年主持巴黎和会,参与炮制凡尔赛和约。1920年竞选总统失败后退出政界。——28、29。

克伦斯基,亚历山大·费多罗维奇(Керенский,Александр Федорович 1881—1970)——俄国政治活动家,资产阶级临时政府首脑。1917年3月起为社会革命党人。第四届国家杜马代表,劳动派党团领袖。第一次世界大战期间是护国派分子。1917年二月革命后任彼得格勒工兵代表苏维埃副主席、国家杜马临时委员会委员。在临时政府中任司法部长(3—5月)、陆海军部长(5—9月)、总理(7月21日起)兼最高总司令(9月12日起)。执政期间继续进行帝国主义战争,七月事变时镇压工人和士兵,迫害布尔什维克。1917年11月7日彼得格勒爆发武装起义时,从首都逃往前线,纠集部队向彼得格勒进犯,失败后逃亡巴黎。在国外参加白俄流亡分子的反革命活动,1922—1932年编辑《白日》周刊。1940年移居美国。——74。

库罗帕特金,阿列克谢·尼古拉耶维奇(Куропаткин,Алексей Николаевич 1848—1925)——沙俄将军,1898—1904年任陆军大臣。1904—1905年日俄战争期间,先后任满洲陆军总司令和俄国远东武装力量总司令,1905年3月被免职。1906年起为国务会议成员。第一次世界大战期间,1916年任北方面军司令,1916—1917年任土耳其斯坦总督兼部队司令,曾指挥镇压中亚起义。十月革命后住在普斯科夫省自己的庄园里,并在当地中学和他创办的农业学校任教。——16、17。

奎尔奇,托马斯(Quelch,Thomas 1886—1954)——英国社会党人,后为共产党人;工会活动家和政论家。活动初期是社会民主联盟盟员,后为英国社会党党员。曾为社会党和工会报刊积极撰稿。第一次世界大战期间持国际主义立场。1919年起积极主张在英国建立共产党。共产国际第二次代表大会的代表。1920年加入英国共产党,1923—1925年为该党中央委员。1920—1931年为《共产国际》杂志编辑部成员。1924—1953年在建筑工业工人联合会中央委员会工作。晚年退出共产党。——95。

L

拉维斯泰因,威廉·万(万拉维斯泰因)(Ravesteijn,Willem van(Van-Ravesteijn)生于1876年)——荷兰社会党人。1900年加入荷兰社会民主工党,属该党左翼,是左翼机关报《论坛报》创办人(1907)和编辑之一。

1909年与论坛派的其他人一起被开除出党，后参与创建革命的社会民主党。1918年加入荷兰共产党。后脱离共产主义运动，1926年被开除出共产党。——50。

李卜克内西，威廉（Liebknecht, Wilhelm 1826—1900）——德国工人运动和国际工人运动活动家，德国社会民主党的创建人和领袖之一，马克思和恩格斯的朋友和战友。积极参加德国1848年革命，革命失败后流亡国外，在国外结识马克思和恩格斯，接受了科学共产主义思想。1850年加入共产主义者同盟。1862年回国。第一国际成立后，成为国际的革命思想的热心宣传者和国际的德国支部的组织者之一。1868年起任《民主周报》编辑。1869年与倍倍尔共同创建了德国社会民主工党（爱森纳赫派），任党的中央机关报《人民国家报》编辑。1875年积极促成爱森纳赫派和拉萨尔派的合并。在反社会党人非常法施行期间与倍倍尔一起领导党的地下工作和斗争。1890年起任党的中央机关报《前进报》主编，直至逝世。1867—1870年为北德意志联邦国会议员，1874年起多次被选为德意志帝国国会议员，利用议会讲坛揭露普鲁士容克反动的内外政策。因革命活动屡遭监禁。是第二国际的组织者之一。——99、100。

李沃夫，格奥尔吉·叶夫根尼耶维奇（Львов, Георгий Евгеньевич 1861—1925）——俄国公爵，大地主，地方自治运动活动家，立宪民主党人。1903—1906年任图拉县地方自治局主席，曾参加1904—1905年地方自治人士代表大会。第一届国家杜马代表，是负责安置远东移民和救济饥民的地方自治机关全国性组织的领导人。第一次世界大战期间是全俄地方自治机关联合会主席以及全俄地方自治机关和城市联合会军需供应总委员会的领导人之一。1917年3—7月任临时政府总理兼内务部长，是七月事变期间镇压彼得格勒工人和士兵的策划者之一。十月革命后逃亡法国，参与策划对苏维埃俄国的武装干涉。——73。

里塞尔，雅科布（Riesser, Jacob 1853—1932）——德国经济学家和银行家。1888—1905年是达姆施塔特银行经理。1901年创建德国银行和银行业中央联合会，1909年创建汉萨同盟，并长期担任这两个团体的主席。1905年起出版《银行文汇》杂志。1916—1928年为国会议员。写有一些为帝国主义和金融资本辩护的著作。——59。

利亚霍夫,弗拉基米尔·普拉东诺维奇(Ляхов, Владимир Платонович 1869—1919)——沙俄陆军上校,镇压高加索和伊朗的民族革命运动的刽子手。第一次世界大战期间任黑海土耳其沿岸地区的总督。1919 年 2 月被任命为捷列克—达吉斯坦边疆区的总办和邓尼金部队司令。在白卫志愿军同山民作战中被击毙。——26。

列金,卡尔(Legien, Karl 1861—1920)——德国右派社会民主党人,德国工会领袖之一。1890 年起任德国工会总委员会主席。1903 年起任国际工会书记处书记,1913 年起任主席。1893—1920 年(有间断)为德国社会民主党国会议员。1919—1920 年为魏玛共和国国民议会议员。第一次世界大战期间是社会沙文主义者。1918 年十一月革命期间同其他右派社会民主党人一起推行镇压革命运动的政策。——64、65、69。

列诺得尔,皮埃尔(Renaudel, Pierre 1871—1935)——法国社会党右翼领袖之一。1899 年参加社会主义运动。1906—1915 年任《人道报》编辑,1915—1918 年任社长。1914—1919 年和 1924—1935 年为众议员。第一次世界大战期间是社会沙文主义者。反对社会党参加共产国际,主张社会党人参加资产阶级政府。1927 年辞去社会党领导职务,1933 年被开除出党。——99。

卢森堡,罗莎(尤尼乌斯)(Luxemburg, Rosa(Junius) 1871—1919)——德国、波兰和国际工人运动活动家,德国社会民主党和第二国际左翼领袖和理论家之一,德国共产党创建人之一。生于波兰。19 世纪 80 年代后半期开始革命活动,1893 年参与创建和领导波兰王国社会民主党,为党的领袖之一。1898 年移居德国,积极参加德国社会民主党的活动,反对伯恩施坦主义和米勒兰主义。曾参加俄国第一次革命(在华沙)。1907 年参加俄国社会民主工党第五次(伦敦)代表大会,在会上支持布尔什维克。斯托雷平反动时期和新的革命高涨年代对取消派采取调和主义态度。1912 年波兰王国和立陶宛社会民主党分裂后,曾谴责最接近布尔什维克的所谓分裂派。第一次世界大战期间持国际主义立场,是建立国际派(后改称斯巴达克派和斯巴达克联盟)的发起人之一。参加领导了德国 1918 年十一月革命,同年底参与领导德国共产党成立大会,作了党纲报告。1919 年 1 月柏林工人斗争被镇压后,于 15 日被捕,当天惨遭杀害。主要著作有《社会改良还是革命》

(1899)、《俄国社会民主党的组织问题》(1904)、《资本积累》(1913)等。——61—70。

伦施,保尔(Lensch,Paul 1873—1926)——德国社会民主党人。1905—1913年任德国社会民主党左翼机关报《莱比锡人民报》编辑。第一次世界大战爆发后转向社会沙文主义立场。战后任鲁尔工业巨头主办的《德意志总汇报》主编。1922年根据德国社会民主党普通党员的要求被开除出党。——64。

罗曼诺夫,尼古拉——见尼古拉二世(罗曼诺夫;血腥的尼古拉)。

罗日杰斯特文斯基(**罗热斯特文斯基**),季诺维·彼得罗维奇(Рождественский(Рожественский),Зиновий Петрович 1848—1909)——沙俄海军中将。1903年任海军总参谋部参谋长。1904—1905年日俄战争期间指挥太平洋第2分舰队,该舰队奉沙皇政府之命东航增援被日军围困的旅顺口。在1905年5月14—15日(27—28日)的对马海战中,充分暴露出他在军事上的昏庸无能,致使分舰队被击溃,本人受伤被俘。1906年退役。——16。

罗易,马纳本德拉·纳特(Roy,Manabendra Nath 1892—1948)——印度政治活动家。1910—1915年参加印度反对英国殖民主义者的革命运动。1915年起侨居国外。后加入印度共产党。1920年以前住在墨西哥。共产国际第二次至第五次代表大会代表。1922年起是共产国际执行委员会候补委员,1924年起是执行委员会委员。1927年作为共产国际代表来过中国。1929年被开除出印度共产党和共产国际。——91、92、95。

洛贝尔图斯-亚格措夫,约翰·卡尔(Rodbertus-Jagetzow,Johann Karl 1805—1875)——德国经济学家,国家社会主义理论家,资产阶级化的普鲁士贵族利益的表达者,大地主。认为劳动和资本的矛盾可以通过普鲁士容克王朝实行的一系列改革得到解决。由于不了解剩余价值产生的根源和资本主义基本矛盾的实质,认为经济危机的原因在于人民群众的消费不足;地租是由于农业中不存在原料的耗费而形成的超额收入。主要著作有《关于我国国家经济状况的认识》(1842)、《给冯·基尔希曼的社会问题书简》(1850—1851、1884)等。——38。

M

马尔托夫，尔·(**策杰尔包姆，尤利·奥西波维奇**)(Мартов，Л.(Цедербаум，Юлий Осипович)1873—1923)——俄国孟什维克领袖之一。1895年参与组织彼得堡工人阶级解放斗争协会。1896年被捕并流放图鲁汉斯克三年。1900年参与创办《火星报》，为该报编辑部成员。在俄国社会民主工党第二次代表大会上是《火星报》组织的代表，领导机会主义少数派，反对列宁的建党原则；从那时起成为孟什维克中央机关的领导成员和孟什维克报刊的编辑。曾参加党的第五次(伦敦)代表大会的工作。斯托雷平反动时期和新的革命高涨年代是取消派分子，编辑《社会民主党人呼声报》，参与组织"八月联盟"。第一次世界大战期间是中派分子，参加齐美尔瓦尔德代表会议和昆塔尔代表会议。曾参加孟什维克组织委员会国外书记处，为书记处编辑机关刊物。1917年二月革命后领导孟什维克国际主义派。十月革命后反对镇压反革命和解散立宪会议。1919年当选为全俄中央执行委员会委员，1919—1920年为莫斯科苏维埃代表。1920年9月侨居德国。参与组织第二半国际，在柏林创办和编辑孟什维克杂志《社会主义通报》。——67。

马克思，卡尔(Marx，Karl 1818—1883)——科学共产主义的创始人，世界无产阶级的领袖和导师。——38、43、101、103。

马林，亨利克(Maring，Henryk 1883—1942)——荷兰社会民主党人。1902年加入荷兰社会民主工党。1913—1919年在爪哇岛居住期间加入左派社会民主党人行列，后成为爪哇共产党和荷兰共产党党员。1920年到苏俄，出席共产国际第二次代表大会，曾任民族和殖民地问题委员会秘书。1921—1923年是共产国际驻中国代表，负责远东各国的工作。1924—1927年是荷兰共产党领导成员，倾向反对派。1927年退党，采取托洛茨基主义立场。1929年建立了托洛茨基主义的"革命社会党"。1938年拒绝参加第四国际。第二次世界大战期间参加了抵抗运动，死于希特勒的集中营。——91。

米留可夫，帕维尔·尼古拉耶维奇(Милюков，Павел Николаевич 1859—1943)——俄国立宪民主党领袖，俄国自由派资产阶级思想家，历史学家和政论家。1886 年起任莫斯科大学讲师。90 年代前半期开始政治活动，1902 年起为资产阶级自由派的《解放》杂志撰稿。1905 年 10 月参与创建立宪民主党，后任该党中央委员会主席和中央机关报《言语报》编辑。第三届和第四届国家杜马代表。第一次世界大战期间为沙皇政府的掠夺政策辩护。1917 年二月革命后任第一届临时政府外交部长，推行把战争进行到"最后胜利"的帝国主义政策；同年 8 月积极参与策划科尔尼洛夫叛乱。十月革命后同白卫分子和武装干涉者合作。1920 年起为白俄流亡分子，在巴黎出版《最新消息报》。著有《俄国文化史概要》、《第二次俄国革命史》及《回忆录》等。——74。

莫利，约翰（Morley，John 1838—1923）——英国政论家，历史学家和国务活动家，自由党人。1867—1882 年为《双周评论》主编。1883 年起为议员。1886 年和 1892 年在格莱斯顿内阁任爱尔兰事务大臣，1905—1910 年任印度事务大臣，实行镇压民族解放运动的政策；后任枢密院院长，1914 年退职。写有论述伏尔泰、卢梭、狄德罗、科布顿、克伦威尔和格莱斯顿等人的著作；1917 年出版了两卷回忆录。——27。

N

拿破仑第一（**波拿巴**）（Napoléon I（Bonaparte）1769—1821）——法国皇帝，资产阶级军事家和政治家。法国资产阶级革命时期参加革命军。1799 年发动雾月政变，自任第一执政，实行军事独裁统治。1804 年称帝，建立法兰西第一帝国，颁布《拿破仑法典》，巩固资本主义制度。多次粉碎反法同盟，沉重打击了欧洲封建反动势力。但对外战争逐渐变为同英俄争霸和掠夺、奴役别国的侵略战争。1814 年欧洲反法联军攻陷巴黎后，被流放厄尔巴岛。1815 年重返巴黎，再登皇位。滑铁卢之役战败后，被流放大西洋圣赫勒拿岛。——61、104。

纳希姆松，米龙·伊萨科维奇（斯佩克塔托尔）（Нахимсон，Мирон Исаакович（Спектатор）1880—1938）——俄国经济学家和政论家。1899—1921 年是崩得分子。第一次世界大战期间持中派立场。1935 年在莫斯科国际农业研究所和共产主义科学院工作。写有一些关于世界经济问题的著作。——65。

尼古拉二世（**罗曼诺夫；**血腥的尼古拉）（Николай II（Романов，Николай Кровавый）1868—1918）——俄国最后一个皇帝，亚历山大三世的儿子。1894年即位，1917年二月革命时被推翻。1918年7月17日根据乌拉尔州工兵代表苏维埃的决定在叶卡捷琳堡被枪决。——25、73、74。

涅米罗维奇-丹琴科，瓦西里·伊万诺维奇（Немирович-Данченко，Василий Иванович 1849—1936）——俄国资产阶级自由派小说家和军事记者。1904—1905年日俄战争期间在满洲当记者，为资产阶级温和自由派的《俄罗斯言论报》撰稿。写有许多军事和政治题材的特写、通讯、小说和回忆录。1921年起侨居国外。——17。

诺斯克，古斯塔夫（Noske，Gustav 1868—1946）——德国社会民主党右翼领袖之一。第一次世界大战爆发前就维护军国主义，大战期间是社会沙文主义者，在国会中投票赞成军事拨款。1918年12月任人民代表委员会负责国防的委员，血腥镇压了1919年柏林、不来梅及其他城市的工人斗争。1919年2月—1920年3月任国防部长，卡普叛乱平息后被迫辞职。1920—1933年任普鲁士汉诺威省省长。法西斯专政时期从希特勒政府领取国家养老金。——99。

P

普列汉诺夫，格奥尔吉·瓦连廷诺维奇（Плеханов，Георгий Валентинович 1856—1918）——俄国早期的马克思主义理论家，后来成为孟什维克和第二国际机会主义领袖之一。19世纪70年代参加民粹主义运动，是土地和自由社成员及土地平分社领导人之一。1880年侨居瑞士，逐步同民粹主义决裂。1883年在日内瓦创建俄国第一个马克思主义团体——劳动解放社。翻译和介绍了马克思和恩格斯的许多著作，对马克思主义在俄国的传播起了重要作用；写过不少优秀的马克思主义著作，批判民粹主义、合法马克思主义、经济主义、伯恩施坦主义、马赫主义。20世纪初是《火星报》和《曙光》杂志编辑部成员。曾参与制定俄国社会民主工党纲领草案和参加党的第二次代表大会的筹备工作。在代表大会上是劳动解放社的代表，属火星派多数派，参加了大会常务委员会，会后逐渐转向孟什维克。1905—1907年革命时期反对列宁的民主革命的策略，后来在孟什维克和布尔什维克之间摇摆。在俄国社会民主工党第四次（统一）代表大会上作了关于土地问题的报告,维护马斯洛夫的孟什维克方案;在国家杜马问题上坚持极右立场,呼吁支持立宪民主党人的杜马。斯托雷平反动时期和新的革命高涨年代反对取消主义,领导孟什维克护党派。第一次世界大战期间持社会沙文主义立场。1917 年二月革命后支持资产阶级临时政府。对十月革命持否定态度,但拒绝支持反革命。最重要的理论著作有《社会主义与政治斗争》(1883)、《我们的意见分歧》(1885)、《论一元论历史观之发展》(1895)、《唯物主义史论丛》(1896)、《论个人在历史上的作用》(1898)、《没有地址的信》(1899—1900),等等。——67、69、70。

普列韦,维亚切斯拉夫·康斯坦丁诺维奇(Плеве, Вячеслав Константинович 1846—1904)——俄国国务活动家。1881 年起任警察司司长,1884—1894 年任枢密官和副内务大臣。1902 年 4 月任内务大臣兼宪兵团名誉团长。掌权期间,残酷地镇压了波尔塔瓦省和哈尔科夫省的农民运动,破坏了许多地方自治机关;鼓动在俄国边疆地区推行反动的俄罗斯化政策。为了诱使群众脱离反对专制制度的斗争,促进了日俄战争的爆发;出于同一目的,多次策划蹂躏犹太人的暴行,鼓励祖巴托夫政策。1904 年 7 月 15 日(28 日)被社会革命党人刺死。——27。

Q

齐赫泽,尼古拉·谢苗诺维奇(Чхеидзе, Николай Семенович 1864—1926)——俄国孟什维克领袖之一。19 世纪 90 年代末参加社会民主主义运动。俄国社会民主工党第二次代表大会后是孟什维克。第三届和第四届国家杜马代表,第四届国家杜马孟什维克党团主席。第一次世界大战期间是中派分子。1917 年二月革命后任国家杜马临时委员会委员、彼得格勒工兵代表苏维埃主席和第一届中央执行委员会主席,极力支持资产阶级临时政府。1918 年起是反革命的外高加索议会主席,1919 年起是格鲁吉亚孟什维克政府——立宪会议主席。1921 年格鲁吉亚建立苏维埃政权后流亡法国。——67。

契恒凯里,阿卡基·伊万诺维奇(Чхенкели, Акакий Иванович 1874—1959)——格鲁吉亚孟什维克领袖之一;职业是律师。1898 年参加社会民主主义运动。斯托雷平反动时期和新的革命高涨年代是取消派分子。第四届国家杜马代表,参加孟什维克杜马党团。第一次世界大战期间是社会沙文主义者。1917 年二月革命后是临时政府驻外高加索的代表。1918 年 4 月任外高加索临时政府主席，后任格鲁吉亚孟什维克政府外交部长。1921 年格鲁吉亚建立苏维埃政权后成为白俄流亡分子。——67。

乔治，亨利（George，Henry 1839—1897）——美国经济学家和社会活动家。19 世纪 70 年代起致力于土地改革运动。认为人民贫困的根本原因是人民被剥夺了土地；否认劳动和资本之间的对抗，认为资本产生利润是自然规律；主张由资产阶级国家实行全部土地国有化，然后把土地租给个人。主要著作有《进步于贫困》（1879）、《土地问题》（1881）等。——37。

R

饶勒斯，让（Jaurès，Jean 1859—1914）——法国社会主义运动和国际社会主义运动活动家，法国社会党领袖，历史学家和哲学家。1885 年起多次当选议员。原属资产阶级共和派，19 世纪 90 年代初开始转向社会主义。1898 年同亚·米勒兰等人组成法国独立社会党人联盟。1899 年竭力为米勒兰参加资产阶级政府的行为辩护。1901 年起为社会党国际局成员。1902 年与可能派、阿列曼派等组成改良主义的法国社会党。1903 年当选为议会副议长。1904 年创办《人道报》，主编该报直到逝世。1905 年法国社会党同盖得领导的法兰西社会党合并后，成为统一的法国社会党的主要领导人。在理论和实践问题上往往持改良主义立场，但始终不渝地捍卫民主主义，反对殖民主义和军国主义。由于呼吁反对临近的帝国主义战争，于 1914 年 7 月 31 日被法国沙文主义者刺杀。写有法国大革命史等方面的著作。——20。

S

桑巴，马赛尔（Sembat，Marcel 1862—1922）——法国社会党改良派领袖之一，新闻工作者。曾为社会党和左翼激进派刊物撰稿。1893 年起为众议员。1905 年法国社会党与法兰西社会党合并后，是统一的法国社会党的右翼领袖之一。第一次世界大战期间是社会沙文主义者。1914 年 8 月—1917 年 9 月任法国帝国主义“国防政府”公共工程部长。1915 年 2 月参加协约国社会党伦敦代表会议，会议的目的是在社会沙文主义纲领的基础上实现协约国社会党的联合。1920 年在法国社会党图尔代表大会上，支持以莱·勃鲁姆、让·龙格为首的少数派立场,反对加入共产国际。——69。

施本格勒,奥斯渥特(Spengler, Oswald 1880—1936)——德国唯心主义哲学家,历史学家,希特勒"民族社会主义"理论的先驱。在《西方的没落》、《人和技术》等著作中,否认现实的客观存在,扬言有关世界的任何观念都带有主观随意性。断言每个民族都有"自己对待世界的态度",这种态度把相互了解和友谊排除在外;否认历史的规律性和社会的进步发展;美化封建军国主义的普鲁士君主制。对劳动群众的民主权利、马克思主义和无产阶级国际主义采取敌视态度。——97、99。

施尔德尔,齐格蒙德(Schilder, Sigmond 死于1932年)——德国经济学家,曾任商业博物馆秘书。写有《世界经济发展趋势》、《世界大战的世界经济前提》等著作。——58。

斯佩克塔托尔——见纳希姆松,米龙·伊萨科维奇。

苏汉诺夫,尼·(**吉姆美尔,尼古拉·尼古拉耶维奇**)(Суханов, Н.(Гиммер, Николай Николаевич) 1882—1940)——俄国经济学家和政论家。早年是民粹派分子,1903年起是社会革命党人,1917年起是孟什维克。曾为《俄国财富》、《同时代人》等杂志撰稿;企图把民粹主义和马克思主义结合起来。第一次世界大战期间自称是国际主义者,为《年鉴》杂志撰稿。1917年二月革命后任彼得格勒苏维埃执行委员会委员、半孟什维克的《新生活报》编辑之一;支持资产阶级临时政府。曾参加马尔托夫的孟什维克集团。十月革命后在苏维埃经济机关工作。1922—1923年发表《革命札记》(共七卷),宣扬俄国没有实现社会主义的经济前提,受到列宁的尖锐批判。1931年因参加孟什维克地下组织被判刑。——101、103、104。

孙中山(1866—1925)——中国伟大的革命先行者。——33—39、41、45、47—49。

T

特鲁别茨科伊,П.Н.(Трубецкой, П.Н. 1858—1911)——俄国公爵,1893—1906年为莫斯科省贵族代表。1904年曾以莫斯科省地方自治会议主席的身份向内务大臣彼·丹·斯维亚托波尔克-米尔斯基递交了给沙皇的信和宪政祝词,表示莫斯科地方自治人士愿在镇压国内革命运动方面为沙皇政府效劳。1906 年起为国务会议成员,在国务会议中领导中派集团。——21。

提拉克,巴尔·甘格达尔(Tilak,Bal Gangadhar 1856—1920)——印度民族解放运动活动家。1881 年开始出版《雄狮报》,在报上撰文反对英国殖民制度。领导印度国大党左翼,反对用和平和合法方式同英国殖民制度作斗争;号召人民群众采取一切手段,包括使用暴力同殖民主义者斗争。但未提出符合农民和手工业者利益的经济纲领;美化封建旧习俗,主张保留种姓制度。在印度民族解放运动高涨时期(1905—1908),号召人民群众运用俄国人民争取自由的斗争经验。1908 年因号召同殖民制度作斗争,被英国当局判处六年苦役。孟买无产阶级举行政治总罢工,抗议对提拉克的判决。1914 年获释。欢迎俄国十月革命,在十月革命的影响下,提出了将铁路和其他属于英国殖民主义者的企业收归国有的要求。——27。

W

瓦尔兰,路易·欧仁(Varlin,Louis-Eugène 1839—1871)——法国工人运动活动家,巴黎公社主要领导人之一,左派蒲鲁东主义者;职业是装订工人。巴黎装订工人工会的组织者,曾领导 1864 年和 1865 年的装订工人罢工。1865 年加入第一国际,是国际巴黎支部的组织者和领导人之一。1871 年任国民自卫军中央委员会委员。1871 年 3 月 18 日参与领导巴黎无产阶级起义。3 月 26 日当选为巴黎公社委员,先后参加财政、粮食和军事委员会。凡尔赛军攻入巴黎后,指挥第六区和第十一区的防卫,在街垒中英勇作战。5 月 28 日被俘遇害。——99。

万拉维斯泰因——见拉维斯泰因,威廉·万。

维尔威尔(Virvaire)——法国将军,1908 年 7 月 30 日曾指挥军队镇压维尔纳夫-圣乔治的罢工者。——29。

维特,谢尔盖·尤利耶维奇(Витте,Сергей Юльевич 1849—1915)——俄国国务活动家。1892 年 2—8 月任交通大臣,1892—1903 年任财政大臣,1903 年 8 月起任大臣委员会主席,1905 年 10 月—1906 年 4 月任大臣会议主席。在财政、关税政策、铁路建设、工厂立法和鼓励外国投资等方面采取了一系列措施，促进了俄国资本主义的发展。同时力图通过对自由派资产阶级稍作让步和对人民群众进行镇压的手段来维护沙皇专制制度。1905—1907年革命期间派军队对西伯利亚、波罗的海沿岸地区、波兰以及莫斯科的武装起义进行了镇压。——6。

X

希尔，戴维·杰恩（Hill，David Jayne 1850—1932）——美国历史学家和外交家，三卷本《欧洲国际关系发展中的外交史》一书的作者。——58。

希法亭，鲁道夫（Hilferding，Rudolf 1877—1941）——奥地利社会民主党、德国社会民主党和第二国际机会主义领袖之一，“奥地利马克思主义”理论家。1907—1915年任德国社会民主党中央机关报《前进报》编辑。1910年发表《金融资本》一书，对研究垄断资本主义起了一定的积极作用，但书中有理论错误。第一次世界大战期间是中派分子，主张同社会帝国主义者统一。战后公开修正马克思主义，提出“有组织的资本主义”的理论，为国家垄断资本主义辩护。1917年起为德国独立社会民主党领袖之一。敌视苏维埃政权和无产阶级专政。1920年取得德国国籍。1924年起为国会议员。1923年和1928—1929年任魏玛共和国财政部长。法西斯分子上台后流亡法国。——59。

谢德曼，菲力浦（Scheidemann，Philipp 1865—1939）——德国社会民主党右翼领袖之一。1903年起参加社会民主党国会党团。1911年当选为德国社会民主党执行委员会委员，1917—1918年是执行委员会主席之一。第一次世界大战期间是社会沙文主义者。1918年10月参加巴登亲王马克斯的君主制政府，任国务大臣。1918年十一月革命期间参加所谓的人民代表委员会，借助旧军队镇压革命。1919年2—6月任魏玛共和国联合政府总理。1933年德国建立法西斯专政后流亡国外。——99。

休特古姆，阿尔伯特（Südekum，Albert 1871—1944）——德国社会民主党右翼领袖之一，修正主义者。1900—1918年是帝国国会议员。第一次世界大战期间是社会沙文主义者。在殖民地问题上宣扬帝国主义观点，反对工人阶级的革命运动。1918—1920年任普鲁士财政部长。1920年起不再积极参加政治活动。“休特古姆”一词已成为极端机会主义者和社会沙文主义者的通称。——99。

Y

尤尼乌斯(Junius)——见卢森堡,罗莎。

袁世凯(1859—1916)——中国北洋军阀首领。1898 年戊戌变法期间,伪装赞成维新运动,却又向荣禄告密,出卖维新派,取得慈禧太后的宠信。1899 年升任山东巡抚,勾结德国侵略者镇压义和团。1901 年出任直隶总督、北洋大臣,后又兼任政务处参预政务大臣、练兵大臣。1907 年调任军机大臣、外务部尚书(次年被摄政王罢免)。1911 年辛亥革命时,在帝国主义支持下任清政府内阁总理大臣,后又窃取中华民国大总统职位,实行军人独裁专制。1915 年伪造民意,策划称帝,并于 12 月 31 日宣布改次年为洪宪元年,准备登极。在反袁护国运动压力下,于 1916 年 3 月宣布取消帝制,6 月在全国人民声讨中忧惧而死。——35、39、47、48、53。

《马列主义经典作家文库》
著作单行本和专题选编本编审委员会

项目统筹：崔继新
责任编辑：曹　歌　李　航
装帧设计：汪　莹
版式设计：胡欣欣
责任校对：马　婕

图书在版编目(CIP)数据

列宁论中国/列宁著;中共中央马克思恩格斯列宁斯大林著作编译局编译. -北京：
人民出版社,2021.12
(马列主义经典作家文库)
ISBN 978-7-01-023871-5
Ⅰ.①列… Ⅱ.①列… ②中… Ⅲ.①马列著作-马克思主义 Ⅳ.①A564
中国版本图书馆 CIP 数据核字(2021)第 208763 号

书　　名　列宁论中国
　　　　　LIENING LUN ZHONGGUO
编 译 者　中共中央马克思恩格斯列宁斯大林著作编译局
出版发行　人民出版社
　　　　　(北京市东城区隆福寺街 99 号　邮编 100706)
邮购电话　(010)65250042　65289539
经　　销　新华书店
印　　刷　北京新华印刷有限公司
版　　次　2021 年 12 月第 1 版　2021 年 12 月北京第 1 次印刷
开　　本　635 毫米×927 毫米 1/16
印　　张　10.75
插　　页　6
字　　数　119 千字
印　　数　00,001-10,000 册
书　　号　ISBN 978-7-01-023871-5
定　　价　32.00 元